いのちの大地に樹つ

現代真宗入門講座

谷川理宣

法藏館

はじめに――本書を読んでくださる方に

「仏教のお話は難しい」、「特に浄土真宗のお話はわからない」、そんな言葉をよく耳にします。「もっとわかりやすく話してください」「仏教・真宗の専門用語を使わないで、やさしく話してくださると、もっと多くの人が聞くのではないでしょうか」。有り難い注文をいただきます。それぞれに仏教のお話のご縁をいただかれる方は、聞いてくださる方に、どうしたらわかってもらえるか苦心をされ、工夫をされていることだと思います。

ただ、仏教・浄土真宗の教えている世界は、現代の私たちの常識的な理解（知識分析的知り方）の仕方では受け入れにくいのだと思います。わかりやすい言葉で、日常語で語られたからといって、そう簡単には理解できないのではないでしょうか。なぜならば、実は、私たちが生きている世界と、仏教、特に浄土真宗が説き示す世界とは、次元が違う世界であるからです。それでは永遠にわからないのかというと、そうではありません。世界が違っていた（＝自分の小ささと真実世界の大きさ）ということに気づくことにおいて、まったく新しい世界がおのずから開かれてくるのです。私の聞き方、理解の仕方が問題にされるのです。そういうことを聞き開くことを「聞法」といいます。そのことを、この本で少し考えてみました。

第一に、この本では、世界の次元が違うということを、「世界は二重構造」ということを基本にして考えてみました。実は、かなり前から、「二重構造」ということについては、仏教の唯識思想をもとにして、福井市の念仏医者米沢英雄先生の著述などからヒントを得て、自分なりに考えていました。「いのち」を考える研修会でお話をする時などは、「人間の二重性」（二重構造＝意識世界と無意識世界）ということを基本に考えてきました。しかし、それを「世界の構造」にまでは拡大して考えていませんでした。

しばらく前に、ユング派の精神分析学者河合隼雄先生（京都大学名誉教授）の『日本文化のゆくへ』を読んでいましたら、そこで、「私の二重性」ということについて、宗教哲学者上田閑照先生（京都大学名誉教授）の『ことばの実存—禅と文学—』に教えられたということが書かれてありました。早速書棚を探して、以前買ったままにしていた上田先生の本を読んでみると、私に新しい「世界の二重性」についてのイメージが湧いてきました。それから、仏法を考える時は、この「世界の二重性」（二重構造）ということを基本にして考えると、私には非常に理解しやすいように思われますので、ご法話の折りにも図示しながらお話することにしています。この本でも、この「世界は二重構造」ということを基本に論じてみました（一六五頁「風船の喩え」参照）。

　第二に、「真実」（真如《しんにょ》・仏の世界）ということと、その自覚（信）ということに主眼をおいて、親鸞聖人の教えの根本を理解しようとしました。仏教は「如実知見《にょじつちけん》」（ありのままに事実をそのまま観ずること）の教えだといわれます。「事実」を事実としてそのまま知るということは、「ただいま、ここ」ということを外しては成立しません。「信」の成就は「ただいま、ここ」に成就するということです。そして、それは私の立脚地の転換を伴うということです。私の自我の立脚地が転ぜられて、真のいのちの立脚地に立つのです。それを「現生正定聚《げんしょうしょうじょうじゅ》」と親鸞聖人はおっしゃいました、それが、私が救われるということであり、浄土真宗の教えの根本だと考えたからです。その点に注意をして読んでいただければと思います。

　第三に、現代社会の問題を、仏教という視点から、私なりに考えてみました。教えというものは、「時機相応《じきそうおう》」（時代と人間に適《かな》うもの）でなければならないと考えます。したがって、現代という時代と、その時代を生きている私たちの相（すがた）をよく知ることが、仏法を語る上で重要だと考えています。時代への批判精神を忘れた時に、仏教は「単なる風景の一つ」に過ぎなくなるのでしょう。十分ではありませんが、一つの見方を述べてみました。

最後に、文章の表現を、できるだけ仏教の専門用語を使用しないで、日常語で表わそうと努力しました。成功したかどうかは読んでくださる人の感想を待つしかありませんが、以前お世話になった短期大学の学生諸君には、少しは受け入れてもらったと思っています。ただ専門用語を使えば簡単に表現できることが、冗長な表現になっていて読みづらいところもあると思いますが、少しご辛抱いただければ幸いです。

＊

二十一世紀という新しい時代を開くにあたって、私たちはますます親鸞聖人の教えの重要さを認識すべきだと私は考えています。不幸にして、新世紀の幕開けは、同時多発テロとその報復としてのアメリカ合衆国のアフガニスタン爆撃ではじまりましたが、文明の衝突なのか、南北格差が生み出した悲劇なのか。私たちはその問題の解決に対して、人類の命運をかけるほどの覚悟が必要だと思います。それには、私たち人類の一人ひとりがお互いに「違ったままで、一緒」になれる場、人類共通の場を確立する必要があります。その人類共存の場こそが、「真実のいのちの大地」です。根源的な真実世界です。

いま、世界は二十一世紀を迎えて、社会、政治、経済の上で未曾有の転換期を迎えているといわなければならないと思います。自分の正義を振りかざした「力の論理」「資本の論理」だけでは、今日の人類の危機は救えないと思います。人類が、世界が、真に生きる方向を見失い、真に生きる「いのち」の基盤を見失っています。そこに新しい「いのちの論理」に立った教えがどうしても必要だと考えます。

その「いのちの論理」に立った教えが、仏教、特に親鸞聖人の説かれた「浄土真宗」であると、私は考えています。親鸞聖人の教えこそ、真実の「いのちの論理」に立った教えです。その教えこそが、真の意味での「人類の救済原理」になりうると考えます。そういう意味で、いまこそ親鸞聖人の説き明かれた「浄土真宗」の教えを、狭い教団の枠から解き放って、すべての人類の共通の教えとして、「開かれた世界人類の救済原理」の教えとして明らかにしていくことが、緊急に、ますます求められていると思います。

そういう意味で、この書がほんの少しでも手助けになるようであれば、この上なく幸せに思います。

谷川理宣記す

二〇〇四年七月

いのちの大地に樹つ――現代真宗入門講座＊目次

第二章　行の巻　59

略号（出典）　＊註釈版聖典＝『浄土真宗聖典（註釈版）』（本願寺出版社刊）
＊真宗聖典＝『真宗聖典』（東本願寺刊）

装幀　井上二三夫

序章　バラの木にバラの花咲く

「念仏は、義なきを義とす。
不可称不可説不可思議の故に。」（『歎異抄』第十条）

一　不思議の世界がなくなった

薔薇《バラ》二曲　　北原白秋

一

薔薇ノ木ニ
薔薇ノ花サク。

ナニゴトノ不思議ナケレド。

二

薔薇ノ花。
ナニゴトノ不思議ナケレド。

照リ極マレバ木ヨリコボルル。
光リコボルル。

（『日本の詩歌』9　北原白秋、中公文庫より）

ご存じの詩人北原白秋の「薔薇二曲」という短い詩です。バラの木にバラの花が咲く、ごく当たり前の世界を詠《うた》っています。バラの木にバラの花が咲き、梅の木に梅の花が咲き、桜の木には桜の花が咲く。それを私たちは当たり前だと思い、バラの花や梅の花や桜の花を見ても、深く考えようとはしません。「きれいだなあ」ぐらいは思うかもしれませんが、それよりも「花より団子（お酒）」かもしれません。しかし、白秋がバラの花を見て詩を作ったのは、そこに当たり前ではない「不思議」を感じ取ったからに違いありません。なぜ、バラの木に、梅の花ではなく、桜の花ではなく、バラの花が間違いなく咲くのかということです。「ナニゴトノ不思議ナケレド」という言葉が、それを表現していると思います。

最近、「ヒトゲノム」といわれる人間の遺伝子のすべてが解読されたとニュースで伝えられていましたが、それで人間のすべてがわかったわけではないでしょう。どんなに分析的手法で「いのち」の根本要素を解読しても、「いのちそのもの」を把握することは無理だと思います。バラの花の遺伝子を突き止めても、これが何故「バラの花」になるのかはわからないと思います。そこに「不可思議の世界」が存在するのです。「いのちそのもの」の世界は、「自然の存在そのもの」の世界は不可思議です。「人間存在」も同様です。そこに私たちは、人間の分別世界を超えた「真実なるもの」に眼を向けることが大事になってくると思います。

現代社会は、科学の進歩、科学技術の急速な発展によって、私たちがいままで知ることのできなかった世界まで知ることができるようになりました。地球の裏側の出来事も瞬時にテレビの映像で見ることができます。宇宙もごく一部ですが、テレビの映像で見ることができます。科学技術の助けを借りて、格段に視野を拡げることができました。ほとんど知りたいと思うことは知ることができます。その思いが私たち人間に「おごり」を生みだしました。「二十世紀は、人間のおごりの時代であった」と言った人もあります。そのおごりの思いは、私たちにあらゆるものを「当たり前」と見るように仕向けました。私たちは無意識のうちに、自分の周りにあるものを「当たり前」としか見えないようになっています。そのことを教えてくれる詩があります。

ふしぎ　　　　金子みすゞ

わたしはふしぎでたまらない、
黒い雲から降る雨が、
銀にひかっていることが。

わたしはふしぎでたまらない、

青いくわの葉たべている、
かいこが白くなることが

わたしはふしぎでたまらない、
たれもいじらぬ夕顔が
ひとりでぱらり開くのが。

わたしはふしぎでたまらない、
たれにきいてもわらってて、
あたりまえだ、ということが。

（金子みすゞ童謡集『わたしと小鳥とすずと』JULA出版局刊より）

なぜ私たちは不思議の世界が見えなくなったのでしょうか。この詩の最後の言葉、「わたしはふしぎでたまらない、たれにきいてもわらってて、あたりまえだ、ということが。」というところに、現代を生きている私たちの持っている問題が集約されているように思われます。あらゆるものを「知識」として理解した時、すべてものがわかったと思ってしまうのです。それがいかに「存在そのもの」「もののいのち」に対して傲慢《ごうまん》であるかということに、私たちは気づけないのです。私たちは自分の「いのち」までも、生きていることが当たり前だと思っています。頭の中では、「いつか死ななければならない」とはどこかで考えていますが、普段は完全に忘れています。私たちのいのちは「生老病死」するいのちであると、仏教は教えていますが、それが「私のいのちの事実」であるということには、思いが至りません。

「私のいのちの事実」であるということは、一度きりのいのちであり、やり直しがきかず、誰にも変わってもらえないいのちであり、限りあるいのち、必ず終わりが来るいのち、ということです。そういう不思議のいのちを生きているのに目が向きません。私たちはその「私のいのちの事実」に目をつむり、自分の思うように生きられると考えているのです。しかし、「いのちの事実」は私の思うようにはなってくれません。そういう「いのち」の有様に私たちは愚痴を言い、不満をぶつけずにはおれないのです。しかし、「いのちの事実」を動かすことはできません。そういう私たちの生き方が「苦悩の生き方」です。それが「人生は苦なり」とお釈迦さまが言われた現実の私たちの姿です。不思議を不思議と見ることができない私たちの生き方が問われているのです。

二　現代社会の問題

最近、十代の少年・少女たちによる「思いもかけないような」事件とか、社会問題が生じています。いま、「思いもかけないような」と言いましたが、そう言った裏には、私たちの頭のなかに「思いの世界」「考えられる世界」が無意識のうちに想定されています。私たちにとって「考えられる世界」とは、言い換えれば、自分の思いが通る世界ということでしょう。人間の思いの範囲内ということです。私たちはそういう「人間の思い（理性）が作りだした世界」を生きています。私たちが生きているそういう世界を、仏法では「娑《しゃ》婆《ば》」とか「世間」と言い表わしています。それは人間の頭（＝脳）が作りだした世界です。そのような社会を元東京大学教授の養老孟司先生は「脳化社会」と表現されています。それが現代社会の大きな特徴だということです。

「自分の思い（理性）が作りだした世界」を生きているなんて、そんなことはない。私たちは、私たちの外の世界、社会を、いわゆる「環境」として与えられたものとして、その中を流されないように、また社会の変化について行くのに必死なのだ。「自分の思いで作りだした世界」を生きているなんて考えられない。「自分の思いで作りだした世界」なら、もう少し自分の思い通りになってもいいではないか。ちっともそうならないのは、「自分の思いで作りだした世界」を生きているからではないからだ、と、そう反論されそうです。もっともだと思います。そのようにしか私たちには思えないからです。

なぜ思い通りにならないのでしょうか。一つは、私たちの思いが一人一人ばらばらで、統一がとれていないからです。一人一人の願いが「ああしたい」「こうしたい」とばらばらだから、願いが衝突するのです。しかし、もう一つ大事なことを私たちは忘れているのです。見えていないからです。それは、私たちの思いの底に、私たちの「思いを超えて世界がある」ということです。その世界が私たちを黙って支え続けているということを忘れているのです。その世界があってはじめて、私たちが身勝手に生きていられるのです。私たちの生き方が、その世界の有り様と違っている、強く言えば、真実なる「いのちの願い」に背いているから、思うようにならないのです。

三　「見えない世界」と「科学の知」

見えない根っこ　相田みつを
花を支える枝

枝を支える幹
幹を支える根
根は見えねんだなあ　（相田みつを『にんげんだもの』文化出版局刊より）

見えないもの　　　　東井義雄
見えないところで
見えないものが
見えるもの　見えるところを
支え　生かし
花を咲かせ
実をみのらせている
それは
植物の世界　だけのことではない　（松扉哲雄『人間であること2』法藏館刊参照）

大事なものは、私たちの目に見えないところにあると思います。そのことを二つの詩（言葉）が教えてくれているように思います。私たちは「見える世界」だけを大切にし、

「見えない世界」は私たちの合理的思考の範囲から排除しました。「不思議」を不思議であると感じる目を、心を奪い去りました。それが「合理的」考え方であり、論理的であり、客観的なものの見方であると教えられました。そういう私たちの思考方法を、哲学者中村雄二郎氏は「科学の知」と定義されました。

　現代の私たちの思考方法、モノの見方は「科学の知」を根底においています。それは、ものを対象的に捉える時は非常に有効です。自然科学の知、科学技術の発展は、この「科学の知」に因っていると言って過言ではないでしょう。言葉を通して「知識」として理解された時、すべてがわかったと考えてしまうのです。しかし、「言葉」として識《し》った世界と「如実」の世界は同じではありません。そのことに知識優先の社会では気がつきません。あらゆるものを「当たり前」な存在として見ることになります。

　目の前にある存在の「いのち」が見えなくなりました。死んでしまったカブト虫を見て、子どもが「電池が切れた」というのは、その知識中心世界の象徴です。それは、大事なものを見る目を曇らせました。「見ている自分自身」「考えている自分自身」を問うことを、そして「見えない世界」を見る目を曇らせました。現代社会では、「宗教」や「哲学」の世界の影が薄くなりました。「モノのいのちそのもの」「人間（自分）のいのちそのもの」が見えなくなったのです。

現代社会は、「自分の思いで作りだした世界」だけが実在であると無意識に考えています。「科学の知」優先です。その「科学の知」は、現代の科学技術を発達させ、モノの豊かな社会を実現しました。その社会の特徴は「都市化」です。「人工化社会」の実現です。逆に言えば、「自然」の消失です。私たちは、ある意味で非常に「豊か」で、「便利」で、「快適な」生活を手に入れました。私たちは、自分が望んだ世界を作りだして、それで本当に「幸せ」になったと言えるでしょうか。心の底から「満足できる」生活を手に入れたのでしょうか。「モノの豊かな」社会、古来人類が願望して止まなかった「長寿社会」が目の前に実現して、私たちは、「もうこれでいうことがない、満足だ」と考えているでしょうか。むしろ、「こんなはずではなかった」と、大部分の人が思っているのではないでしょうか。「何かが足りない」と思ってはいないでしょうか。「何が足りない」のでしょうか。

現代社会の何が問題なのでしょうか。私たちの生き方のどこが間違っているのでしょうか。私たち人類は、本当の意味での「幸せ」を手に入れることができるでしょうか。私たちが見失った「不思議の世界」「見えない世界」を見る目、感じる心をどうしたら取り戻すことができるでしょうか。

このような問題を、仏教、特に親鸞聖人の教えを通して、私なりに考えてみたいと思います。

第一章　教の巻

「本当のものがわからないと、
本当でないものを本当にする」（安田理深）

I　真実の教えに出遇う

浄土真宗の教えの根本

私たちは、自分の頭の中で作り上げた世界（思いの世界・人工化社会・世間）を生きています。そこだけが世界であると思っています。実はその世界を超えて、次元の違う世界（真実世界・出世間・浄土）があるのです。それが私たちの根底に、私たちを支え、生かしている「真実のいのちの世界」です。そういう世界があると覚《さと》った人が仏陀（釈尊）です。その真実の世界から「ここへ還《かえ》れ」「ここがお前のいのちの故郷だ」と呼び掛けているのが「南無阿弥陀仏」です。その根源の「真実のいのち」の世界に目覚め（信）、そこに立ってこの人生を生きることを「往生浄土」の人生といいます。その根源の世界に目覚め、真実の自己を生きることが私の「後生の一大事」です。

一　何か足りない

二十世紀は自我拡張の時代だと言った人がいます。実はそのお陰で、私たちはある意味で非常に豊かな社会を生きています。その豊かさは、人間の理性が生みだした豊かさです。私たちは「便利で」「快適で」「豊かな」社会を願ってきました。それは、人間の理性が生みだした科学技術の急速な進歩によって実現しました。私たちの周りは豊かなものであふれています。デパートやスーパーなどへ行けば、お金さえ出せば欲しいものは何でもあります。有り余るほどのものが、先進諸国といわれる国々にはあふれています。私たちの願いはある意味で実現しました。ところで、私たちはそれで本当に幸せになったでしょうか。

ある小学校の高学年の女の子でしょうか、

「何か足りない、何か足りない」

と言っていました。それを聞いたお母さんは、その女の子に、

「何が欲しいの。何か欲しいものがあったら何でも買って上げるよ」

と言われたということです。でも、その女の子は、言います。

「いや、違うの。お金じゃないの。何か足りないの」

しかし、お母さんには、女の子の求めているものが何なのか、どうしても理解できませんでした。そのうちに、その女の子はとうとう自殺してしまったということです。あるいは、その女の子にも、足りないものが何なのか、求めているものが何なのかが、わからなかったのかもしれません。また周《まわ》りの大人たちも、それが何であるか、どうしたら得られるのかということを、ちゃんと教えてあげられる人がいなかったのだとも言えます。

もう一つ、「お父さん、わかってよ」という詩を書かれた人がいます。何の本で見たのか失念してしまい申し訳ないことですが、現代の私たちの問題を考えるのに適当な言葉だと思いますので、紹介させていただきます。

お父さん、わかってよ

「勉強ができていい大学を出れば
就職してからは何も心配はいらない」
って言ってた、お父さん
僕はお父さんにだまされました
人間関係につまずいた僕には
学歴は何の役にも立ちませんでした。

現代日本の、知識偏重、偏差値重視の教育は、元をただせば、いい大学に入り、いいところへ就職するための手段です。そのために日本国中の親が、教師が、そして子どもたちが、狂育（教育）に駆り立てられているのです。それは、自分の身分の保障と高い給料を手に入れるためです。それが「人生の目的」であるということです。それを信じて疑わないのです。いや、おかしいと思うけど、社会全体がそうなっているから、自分一人そのレールからはずれるのは怖いのです。「落ちこぼれ」ともいわれますから。それが、幸せの道だということになっているから、「そうするしかない」、と私たちは思っています。

二　ドーナツ人間

現代人は、「ドーナツ人間」だと言った人がいます。最初に誰が言われたのかわかりませんが、言い得て妙だと思います。まさに私たちの生き方は、自分の外側ばかり飾るのに忙しく、肝心の中身、自分自身のことは疎《おろそ》かになっています。中身のない、外側ばかりの人間が現代人だということです。高学歴を身につけ、高収入を手に入れ、高級ブランドものので身の周りを飾り、地位や名誉を得ることが人生だと考えているということです、日本では、高度経済成長が終わり、一九八〇年代に入って土地や株にお金が集中しバブル経済が始まった頃から、これからは「こころの時代」「宗教の時代」などと言われ始めました。「新々宗教」なるものが出現しだしました。人びとは、モノの豊かさだけでは、心の底から満足できないことに気づき始めました。社会全体の浮かれた情勢とは別に、何か心を満たすものを求め始めていたと思います。前述の女の子のように「何かが足りない」と心の底の方で求めていたのです。それに応じて新しい宗教が出てきました。現代人の心の要求に既成宗教は無力でした。「オウム真理教」の信者の「お寺は単に風景にすぎなかった」という言葉はそれを象徴していると思います。この点については、既成仏教の一寺院の住職として責任を感じています。なぜそうなったのか検証しておく必要を感じています。

その宗教の求め方が問題であると、私は考えています。なぜなら、自分の外に「モノの豊かさ」を求めたのと同じ方法で、同じ方向に「心の豊かさ」を求めようとしているからです。バブル経済が崩壊するとともに、より一層精神的な不安を抱えた人が増えたと思います。その精神的な不安、心理的な不安を「宗教」でなんとかしようとして「宗教団体」に加入した人も多いでしょう。「心の豊かさ」が手に入れば、不安が解消されて、あるいは、満足できない心が満たされるのではないかと考えたのでしょう。

三　「宗教」について

現代に生きる私たち、特に日本人は、一般的に言って「宗教」ということについて無知だと、あえて言いたいと思います。なぜなら、「宗教」ということについて「学ぶ」機会がほとんど無いからです。学校教育から「宗教教育」は排除されました。特殊な宗教法人立の私立学校を除いて。

戦前くらいまでは、日本は大家族であったので、家族の中に、不十分ではあっても、宗教的雰囲気がありました。しかし、高度経済成長期に入り核家族が大部分になった家庭では、宗教的な世界を子や孫に伝えることはできなくなりました。また親も「宗教とはどういうものか」ということを知らないまま育つことが多くなりました。したがって、日本では「宗教」ということについて「学ぶ」機会がほとんど無くなりました。

それでは、私たちは、「宗教」について無知だと思っているでしょうか。とんでもない。自分は「宗教」については、基本的なことはチャント知っていると思っています。またそれぞれに自分固有の「信仰」を持っておられます。自分では意識されていないかもしれませんが。また「自分は無宗教だ」と標榜される方も、チャント自分の「信仰」を持っておられます。ただし、それが「真実」かどうかは、大多数の人が問題にされることはありません。なぜなら、「自分は間違いない、自分が考えていることはいつでも正しい」と思っておられるからです。

私たちの一般的な「宗教」理解を如実に教えてくれたものがありました。

テレビのコマーシャル「世俗のことはわかりません」

数年前の、ある電話サービス会社のコマーシャルに、電話料金についていろんな人に感想を聞くというものがありました。その中に墨染めの衣を着たお坊さんが出てくるシーンがありました。問われたお坊さんは「世俗のことはわかりません」と答えます。

そのシーンを見ながらいろんなことを考えさせられました。一つは世間的常識によれば、出家のお坊さんというのは、世間と無関係に、あるいは無関心に、ひたすら修行に打ち込んでいる者だと見られているのかなということです。今日、世俗を離れて一筋に仏道修行に励んでいるお坊さんというのは希少価値です。大部分のお坊さんは、むしろ世俗の中で世俗にまみれて、葬式・法事の仏事に忙しい。一般に葬式仏教と揶揄《やゆ》される。あるいは生《なま》臭坊主《ぐさ》と蔑《さげす》まれます。そこには、本来お坊さんというのは世俗を離れて一筋に仏道修行に励んでいる人で、世俗にまみれて苦悩している衆生を救うために、ひたすら修行し活動してくれるはずだという思いがあるように思われます。だから、世俗のことに詳しいお坊さんよりも、「世俗のことはわかりません」と答えるお坊さんの方が、やはり本当のお坊さんらしいと思われているのでしょう。

そこに、ある種の落し穴があることは、あまり気づかれていません。ひたすらに修行に打ち込んで、（例えば、比叡山の千日回峰行の）お坊さんは、普通の人にはない、ある種の超能力が身についているはずだ。そのおこぼれにあずかれば自分もなんらかの利益を得られると思う。そのような宗教者に対する考えや思いが、「オウム真理教」の麻原彰晃や、「法《ほう》の華三法行《はなさんぽうぎょう》」の福永法源のような存在に引っ掛かるのだと思います。すべて人間の思いの中で作り上げた世界の出来事に過ぎません、そのことに気づくには、真実の教えに出遇うしかないと思われます。

その「宗教」に対する理解が如何に危ういかということを如実に私たちに教えてくれたのが「オウム真理教」の事件でした。しかし、それは、人びとの「宗教」に対する理解については、それを正す方向には作用しませんでした。むしろ、「宗教は怖いもの」「宗教には近づかない方がよい」という理解にしかなりませんでした。自分自身の「宗教観」が問われているという方向にはほとんど向きませんでした。なぜでしょうか。

実は、「宗教」に関心のある人の宗教観もあやしいのです。しかし、それもほとんど自覚されておりません。そういう人たちの宗教観を批判した痛烈な文章に出会いました。

「ただ、辱《かたじ》けなさや涙こぼれれば、それで宗教、それで仏教と許してしまう無神経（というより不見識）こそが問題なのだ。感謝しなさい、感謝しましょうなら、心がけであって教えとはいえぬ。教えのない宗教は習俗にすぎぬ。天地の霊や祖霊に対して、自分の願望が叶《かな》えられれば感謝を捧げ、叶《かな》わなければあきらめて、叶《かな》えるための祓《はら》えや祈り。こんなことで救われるほど人間は甘くもなければ、また底の浅いものでもない。心がけというも、それはあくまで世間心の延長であり、下心にすぎぬ。下心が地表に顔を出して礼拝となり、祈禱となっても、所詮それらは一片の欲望の徒花《あだばな》である。」

（「今日のことば」堀尾裕昭、東本願寺・法語カレンダーの解説法話集所収）

四　私たちの思考方法

現代社会を作り出したのは「科学の知」といわれます。それは、人間の理性が中心になった人知の世界です。それが科学技術を生みだし、現代の都市文化を作り上げました。その特徴は、客観性、普遍性、論理性であるといわれます。いわゆる近代合理主義の世界です。その「科学の知」の方法は、分析の知です。あらゆるものを細かく分析し、再構築する方法（＝要素還元法）です。

その時、私たちが物事を客観的に捉えるには、「見る私」と「見られる対象物」とに分けて認識する必要があります。人間の理性を中心に置き、他に一切の存在を自己の外なるものと見なす分析の知です、言われなくても、必然的に私たちはそうやっています。それを仏教では「分別知」といいます。科学的世界ではそれは非常に有効です。主観が入らないことが認識知の客観性を高めると考えられています。人間を見る場合も同様です。心理学は基本的には「科学の知」の方法による人間の心理分析です。ただし現在では、それだけでは十分でないということがいわれているようです。

現代社会を作り上げた「科学の知」があちこちで行き詰まりを見せています。知のパラダイム（理論的枠組み）転換がいわれるゆえんです。しかし、「科学の知」信仰はまだまだ根強いものがあります。

私たちは、自分のことを問われた時、一般に「自分のことは自分が一番よく知っている」と言います。確かに「一番よく知っている」と思いますが、私たちは完全に自分のことを知っているのでしょうか。しかし、私たちはそれを自分に問うことはあまりありません。「知っているつもり」になっているからでしょうか。

実は私たちはその「つもりの知」に寄り掛かって生きているのではないでしょうか。それが私たちの現実ではないかと思います。それが私たちの「思考方法」であると思います。そして、それが真実に適《かな》っているかどうかということは、私たちはめったに問いません。もう一つ、現代人の「思考方法」の特徴として、「答え」を求めるに性急で、自ら「問題意識を持つ」ことが不得手であるように私には思えます。指示待ち人間、マニュアル人間といわれるゆえんです。あるいは、日本の、ペーパーテスト中心の教育の所為ではないか、と考えます。

「問題意識を持つ」ことは自分の人生を深く生きるためには必要なことだと思います。特に、「自分自身」を問うことは大事なことでしょう。ある法語に「生まれた意味と、生きる意義を考えよう」(東本願寺の掲示伝道法語)というのがありましたが、本当に、私たちは、どこから生まれ、どこへ行こうとしているのか、問わずにおれないのだと思います。問わないのは、自分をゴマカシて生きているのです。

五　汝自当知

『大無量寿経』という経典に「汝自当知《にょじとうち》」(汝《なんじ》、自《みずか》ら当《まさ》に知《し》るべし)という言葉がありま す。何を知るべきだというのでしょうか。お経が明らかにするものは、「真理」であり、

「真実」です。「経」という言葉は、古代のインドの言葉サンスクリット語では「スートラ」(sūtra)といいます。「縦糸」という意味です。転じて「真理を書いた一連の言葉」という意味に使われました、そこから「真理」の教えを説いたものを「スートラ」といいます。中国語(漢語)に翻訳された時に「経」という漢字が当てられました。「経」という字にも「縦糸」という意味があります。布を織る時に、まず縦糸を張って、そこに横糸を通すのだそうです。その時、「縦糸」がきちんと張ってあるかどうかが、良い布が織れるかどうかを決めるといわれています。「真理」というものは、時間空間を超えた、変わらない「縦糸」に喩えられます。その意味で「真理」が書かれたものが、「経」「経典」といわれるのです。

「お経」が真理を説くものであれば、「汝自当知」は、当然「汝、自ら」その「真理」を知りなさいということであると思います。その真理とは、「この世界の真理」であり、そこに生きている「人間の真実」です。それを如実(ありのままに)に知ることが根本的に要求されているということです。

ところで、「汝自当知」(汝、自ら当に知るべし)という言葉には、二つの意味があると思います。

一つは、「真実なるものを、自分自ら知りなさい」(自覚・自ら覚《さと》れ)ということだと思います。自分の能力の限りを尽くして覚りを開きなさい、ということです。

　仏教は自覚の教えです。何を自覚するのか、といいますと、存在の道理と人間（自己存在）の真実の相をです。存在の道理ということは、「縁起《えんぎ》」であるとお釈迦さまは覚られました。「縁起の道理」ということは、この世界に存在する一切のものは、すべて繋《つな》がり合い、関係し合っているということです。一つとしてそれだけで独立して存在するものはないということです。「無我《むが》」ということです。少し難しい仏教の用語で言えば「無自性《むじしょう》」「空《くう》」といいます。新しい言葉で言えば「共生の存在」ということです。

　また、「無我」の存在ですから、固定しない、変わり通しということです。それを「無《む》常《じょう》」といいます。それゆえに一切の存在は「諸法《しょほう》無我」であり、「諸行《しょぎょう》無常」であるといわれます。それがこの世界の道理です。それを悟ることを「自覚する」といいます。

　存在のあるがままの相をそのまま知見《ちけん》すること（如実知見）こそが、仏教で説く「正しい覚り」です。

　それが「自覚」できると、私たちの普段の認識が、あらゆるものを変わらない、いつまでも同じ状態にあるものと考えている私たちの考えが、間違いであるということに気づかされます。卑近な例で言えば、私という存在は、この世に「生」を受けたからには、誰でも間違いなく「老・病・死」する存在だということです。それを、「いつまでも若くありたい、元気でいたい、命があるように」、と願うのは私の身勝手な思いです。それが私たちに「苦悩」を生じさせているのです。そのことを教えられ、そういう自覚に私たちが至った時、私たちは自分の「執われ」(執着)に気づき、それから離れることができるのです。そういう自分に気づくことが第二の自覚です。

そのもう一つの意味とは、「汝、自らを当に知るべし」ということです。漢文の読みとしては無理があることは承知していますが、仏法的には、こう読みたいのです。「汝、自分自身をあるがままに知りなさい」ということです。

ところで、それは可能でしょうか。自分自身を自分で見るということはどうでしょうか。「科学の知」の方法では、やはり「見る私」と「見られる私」とに分けて認識することになると思います。その場合、どんなに対象としての「見られる私」を完全に理解し得たと思っても、それを「見ている私」は見えていないのです。「私自身」を完全に捉えることは、「科学の知」の方法でもってはできません。人間の持っている分別知には限界があります。

『大無量寿経』の中で、師の世自在王仏《せじざいおうぶつ》に「汝自当知」と、そう言われた修行中の法蔵《ほうぞう》菩薩《ぼさつ》は「非我境界《ひがきょうがい》」(我が境界に非らず)と答えています。私たちの能力では、自分自身を完全に、あるがままに認識することは不可能です。そのことに私たちが気づけるかどうかが一大事です。

六　真実の「教え」

教えというものは、そういう私たちの生き方の誤り、不完全さを気づかせるためにあるのです。私たちは自分が間違っているなんて思ってもみません。自分の生き方が根本的に逆さまになっていることに、自分で気づくことはできません。それが、私たちの「迷いの姿」です。真実に背いた「罪な生き方」です。そういう私たちを大悲して、真実の世界を、真実の相を気づかせようとはたらいているのが、真実そのものです。その真実そのもののはたらきを、仏法では「仏様」というのです。「姿、形のない」真実そのものが、自ら願いとなり、はたらきとなって、自分の境界（浄土）を飛び出して（＝南無して）私たちのところまで現われ出てくださったのが「南無阿弥陀仏」の仏様です。

「仏様」は私たちに「真実」を教えるために、常にはたらいておられるのです。私たちは、自分自身を完全に、あるがままに認識するには、私たちを超えた真実の光に照らされ、真実の教えに教えられることが必要なのです。

阿弥陀仏のはたらきの世界を端的に明らかにされた親鸞聖人の文章があります。

「この一如宝海よりかたちをあらはし、法蔵菩薩となのりたまひて、無碍のちかひをおこしたまふをたねとして、阿弥陀仏となりたまふがゆゑに、報身如来と申すなり。これを尽十方無碍光如来となづけたてまつれるなり。この如来を南無不可思議光如来とも申すなり。この如来を方便法身とは申すなり。方便と申すは、かたちをあらはし、御なをしめして、衆生にしらしめたまふを申すなり。すなはち阿弥陀仏なり。」

(『一念多念証文』註釈版聖典六九〇頁・真宗聖典五四三頁)

七　「ものさし」の話

真実の如来の教えの世界を、非常にわかりやすく私たちに残してくださった方がおられます。四十歳の若さで、お浄土へ還られた平野恵子さんです。その平野さんが、あとに残すことになるまだ幼い三人の子どもたちに書き残された遺書ともいうべきもので、『子どもたちよ、ありがとう』という本です。その中から一部抜き出して紹介したいと思います。

すべての生き物は、代わるべきもののなき、たった一つの尊い生命として、みな平等に光り輝きながらこの世に誕生します。ところが人は、人間として育てられ、教育を受けてゆく中で、自と他の違いを知り、あらゆる物事を見分け比較することによって、

自分なりの価値観（ものさし）を確立してゆくのです。（中略）

人が価値観を持つ目的そのものが、より幸福な自己の実現にあるといえます。ところが、この幸福というのが問題なのです。何故なら私たちが求める幸福とは、たいていの場合自分にとって都合のよいこと、みずからの欲望の満足であり、自分にとって都合の悪いこと、損になることに対しては決して価値を認めようとしないからです。しかも悲しいことに、人間は他と自分を比較しないと、幸福も不幸も分からないというまことに厄介な生き物なのです。

若い頃のお母さんは、そんな危《あぶ》ないものさしを自分が持っているなんて、およそ気づきませんでした。だから、自分勝手な偏見《へんけん》と色めがねで曇ったお母さんの価値観（ものさし）では、どんなに頑張って計ろうと努力しても、素行ちゃんは決して良い子の規格《きかく》に入らなかったし、由紀乃ちゃんに至っては、人間として生きる価値など一つも認められない存在でしかなかったのです。でも、二人は間違いなくお母さんの生んだ子供達、この世でもっとも愛しく大切な子供達だったのです。お母さんのものさしは根底から崩れ去りました。それは同時に、それまでのお母さんの人生そのものが、すべて否定されたということでもありました。

その時、絶望《ぜつぼう》に打ちひしがれ、この子等を殺して自分も死ぬ以外に道はないとまで思い詰めたお母さんに、「そのまんまが、尊いのだよ」と教えてくださった方があります。

「お母さん、由紀ちゃんは奇麗《きれい》だね、お家のみんなの宝物だもんね」

素行兄ちゃんのこの一言でした。幼い生命が二つ、お互いをお互いに宝物と拝み合っている尊い姿なのでした。

お母さんには足元にもおよばないこの穢《けが》れのない愛、生命に対する共感が一体どこからくるのか、それはまぎれもなく仏様の世界、浄土のものでした。その時の素行ちゃんと由紀乃ちゃんこそ、真実を伝えるために無量寿の彼方《かなた》よりお母さんの子供として生まれてくださった仏様だったのです。

素行ちゃん、素純ちゃん、どうぞ忘れないでください。自分もこのものさし（価値観）を持った人間だということを。いつでも、どんな時でも、自分はこのものさしを使って考え、他を判断《はんだん》し、行動しているのです。どうあがいても、このものさしから一歩も出ることの出来ない私達です。

ただ、ありがたいことに、ものさしを持つ自分の姿を確かに知ることができた時、人は同時にものさしのない世界を知り、その世界に触れることができるのです。浄土真宗では、このものさしのいらない世界を阿弥陀の世界、浄土と申しております。

人は自分のものさし（価値観）を決して捨てることはできないけれども、浄土に触れることにおいて、ものさしを武器として他を傷つけずにはおれない自分の存在を悲しみ、その愚かさに気付かされることにより、まわりに対して「ごめんなさい」「ありがとう」と言わずにおれない人の心を取り戻すことができるのです。それはまた、同じようにものさしを持つ、すべての人びとに対する限りない共感、痛みでもありま す。自分の持つ価値観が、決して普遍的なものでないと分かっているからこそ、他の人の価値観も認め、お互いを尊重してゆけるのですからね。

（平野恵子『子どもたちよ、ありがとう』法藏館刊、五二～五六頁）

八　真実との出遇い

安田理深師は「本当のものがわからないと、本当でないものを本当にする」と言われています。私たちは自分の作り上げた「ものさし（価値観）」を絶対的なものとして生きています。それが間違っているなんて思ってもみないことです。平野恵子さんと同じことです。平野さんは子どもさんの声を「仏の声」として聞く耳を持っておられました。あるいは、お寺の坊守さんとして、日頃から仏法のご縁があったからかも知れません。私たちは、真実の教えを聞くこと、即ち仏さまに出遇《であ》うことがないと、自分が持っている価値観（ものさし）が本当でないなんて気づけません。師が言われるように「本当でないものを本当にする」世界を生きるのです。それが間違っていることなど気づきません。

真実（本当のもの）に出遇った時、私たちは、はじめて自分が持っている価値観（ものさし）が本当でない、真実に背いていたということに気づき、頭が下がるのです。それが「南無」「帰命《きみよう》」ということです。そこに、今まで立っていた自分の世界（自我《じが》世界）が崩壊するのです。それを「廻心《えしん》」といいます。自我の殻《から》が破れた時、真実の世界に包まれている自分を見出すのです。それが「摂取不捨《せつしゆふしや》」の世界、救《すく》いの成就です。そこに立ってはじめて、親鸞聖人の『歎異抄』の後序の言葉が実感されるのです。

「煩悩具足の凡夫、火宅無常の世界は、よろづのこと、みなもってそらごとたはごと、まことあることなきに、ただ念仏のみぞまことにておわします。」

（『歎異抄』註釈版聖典八五三頁・真宗聖典六四〇頁）

Ⅱ　現代社会の特徴と宗教

一　道徳と宗教

ある研修会の準備会で、「道徳と宗教とは違います」と発言したら、出席者のほとんどの人が「同じと思っていた。どう違うのですか」ということなので、その違いについて、研修会で話をすることになったことがあります。私としては、ある程度は、混同している人があるのではないかと考えていましたが、それほどとは思ってもいませんでした。

しかし、考えてみると無理もないとも思われます。公教育から宗教教育が排除され、本当の宗教について学ぶ機会が極端に少なくなってしまったのが今日の日本の現状です。宗教について興味があるとか、何か余程の縁がないと、宗教についての話を聞くとか知識を得るということは、今日ではほとんどありません。ほとんどは、断片的な知識を周囲の人や社会現象から学ぶに過ぎません。それでは宗教についての正しい知識を得ることはほとんど不可能に近いと思います。「道徳と宗教」とを混同するのも無理はないと考えられます。

そういえば最近、子どもたちをめぐる諸種の問題や、青少年による異常とも思われる事件が続発すると、いろいろの専門の識者がテレビや新聞で論評されます。そこでよく聞かれる言葉に、「心の教育」「道徳教育」の大事さ、「いのちの教育」の必要性があります。また「生命の尊さを教えるべきである」とか、「宗教教育」が必要であるというようなことが決まり文句のように述べられます。一々もっともだと思いながら、何か引っ掛かるものがありました。それは、「道徳」と「宗教」との違いが明確に理解されていないということ、それと、本当の意味での「宗教」が語られていないということへの違和感だったと思います。

実は、この「道徳」と「宗教」という言葉が意味しているものについて、その違いを明確にしておかないと、現代の私たちが抱いている「現代社会の闇」や、現代社会を生きている私たちの「心の闇」というものが見えてこないと思います。そこで、その点について、私の考えるところを少し述べてみたいと思います。

二　世界は二重構造――「分子の世界」と「分母の世界」

私たちが生きている世界は二重構造になっています。まず、それを知ることが大事なことだと思います。それを左に図式化してみます。世界の構造を表現するには、図表1が私のイメージとしては正確ではないかと思います。立体的なものとしてイメージしてください。

(図表1)

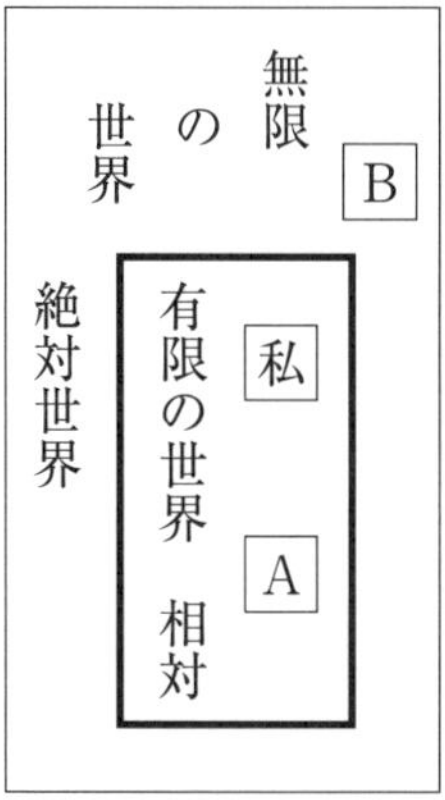

太い線で囲まれた世界が私たちの生きているA世界です。そこは有限相対の世界です。自我の思いの世界です。その世界を取り囲んでいるB世界があります。それは、A世界と次元を異にする、無限絶対の世界です。B世界は、A世界、即ち自我の思いで囲まれた世

界を超え包んで存在する世界です。浄土教的にいえば、A世界は自力の世界、B世界は他力の世界です。

次に、図表1を開いて平面化したのが図表2です。A世界を分子の世界、B世界を分母の世界としたものです。解説の便宜上そのように表現してみました。その表の中にいろんな情報を入れ込みました。少しわかりにくいかもしれませんが辛抱してください。

第一の情報は、私たちは身体と心を持って生きていますが、それはどのような世界を生きているかということを表わしたものです。心が作りだした世界が「分子の世界」です。その根本のところに「脳」があるというのが『唯脳論』の著者、養老孟司先生の捉《とら》え方です。「脳化社会」ということです。仏教では「意識」として捉えます。ほぼ同じことです。自我意識が支配する世界です。私たちは心（脳）中心に生きています。その心が作りだした世界が「理性の世界」であり、「知識の世界」です。私たちは心に支配されて右往左往しています。しかし、その心の入れ物である身体は「いのちの世界」を生きています。それは、心が作りだした世界を超えて、分母の世界に足場を置いて生きているということです。

私たちの思いで、身体の「生老病死」する「いのち」を左右することはできません。それは私たちの思いを超えているのです。念仏医師米沢英雄先生は、「心は思いに振り回さ

身体世界（いのちの世界）

A

（分子の世界）
思いの世界
（脳の中の世界）
＊道徳の世界

現象世界
個々の存在
人間の自我意識
理性の世界

B

（分母の世界）
思いを超えた世界
（自然・いのちの世界）
＊宗教の世界

根源の世界（浄土）
無限大のいのち
「一」なる世界
いのちの根拠
（本願・阿弥陀）

（図表2）

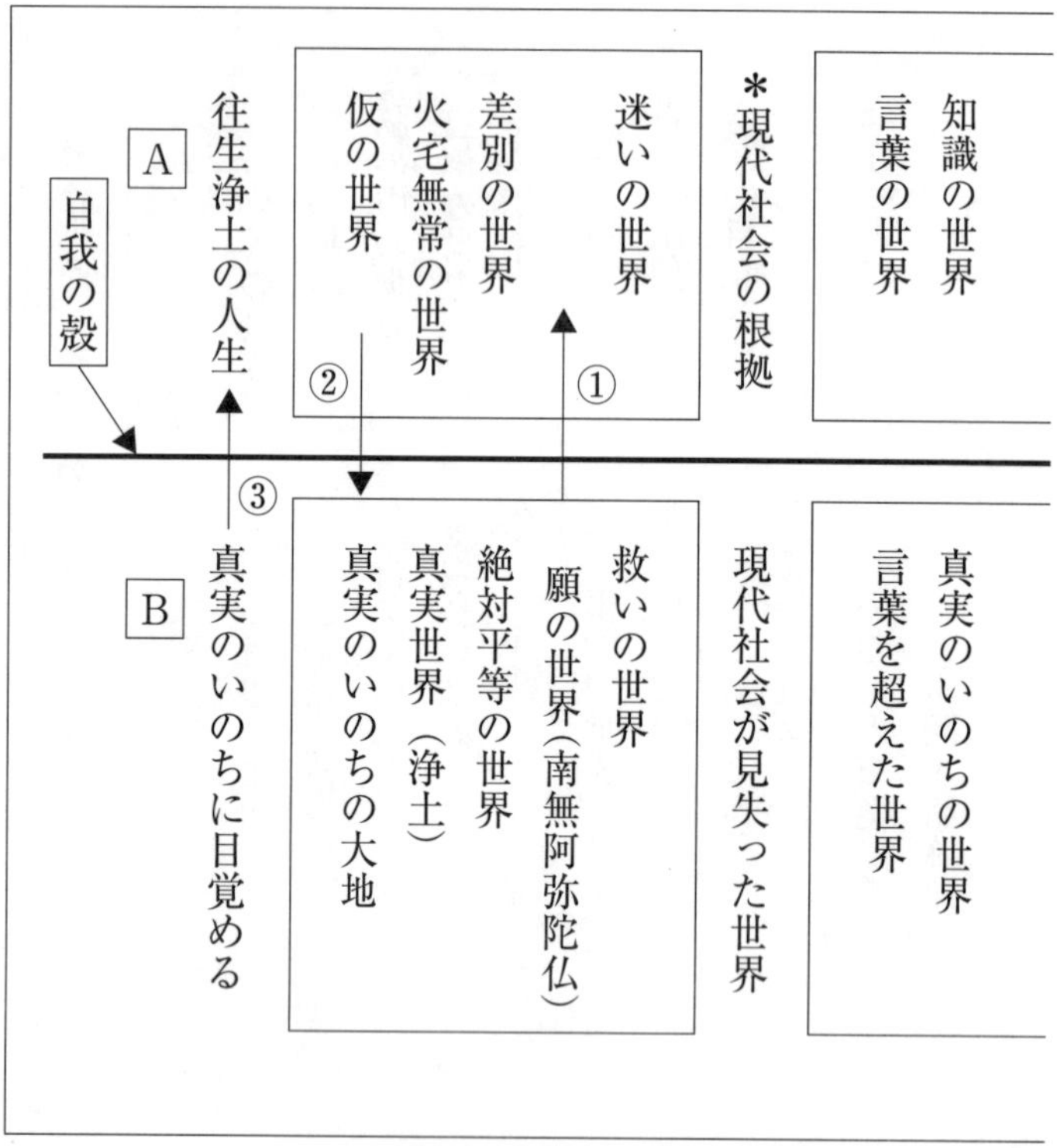
知識の世界
言葉の世界
＊現代社会の根拠
迷いの世界
差別の世界
火宅無常の世界
仮の世界
①
②
往生浄土の人生
A
自我の殻
真実のいのちの世界
言葉を超えた世界
現代社会が見失った世界
救いの世界
願の世界（南無阿弥陀仏）
絶対平等の世界
真実世界（浄土）
真実のいのちの大地
③
真実のいのちに目覚める
B

れている。身体は南無阿弥陀仏している」とおっしゃっています。

第二の情報は、「分子の世界」は自我意識の世界ということ、「分母の世界」は真実のいのちの世界ということです。真実世界に対して、「そらごと、たわごと」の世界が「分子の世界」です。

第三の情報は、「分子の世界」が有限無常の世界であるのに対して、「分母の世界」は無限絶対の世界であるということです。

第四の情報は、「分子の世界」は迷いの世界ということであり、「分母の世界」は真実の世界ということです。

三　現代社会の特徴――「脳化社会」

私たちは、自分の生きている世界が二重構造になっているなんて思ってもみません。自分の生きている世界が全部であり、間違いの無い本当の世界だと信じて生きています。その世界だけが、私たちの世界だと思っています。そのように私たちが考えている世界は、実は「人間の思いで作り上げた世界」です。人間理性（脳・意識）が創造した世界です。その世界を養老孟司氏は「脳化社会」と名づけられています。そこは「人工化社会」です。

自然を改造して、人間の都合に合わせて作り上げた世界ということです。合理的、合目的な世界です。自分の思いで作り上げた世界ですから、私たちはどこかで、自分の思うようになるはずだと考えています。その社会の特徴をいくつか取り上げてみましょう。

人間の意識が作りだした世界ですから、「目に見える世界」が現実世界ということになります。人間の意識・理性が捉えた世界ですから「合理の世界」です。合理的でないものは嫌われ排除されます。理性はモノを分別して理解しますから、その世界は「分別世界」です。分別すれば、当然そこに価値付けが行なわれます。だからそこは「価値の世界」です。価値付けは必然的に差別を伴います。「差別の世界」でもあります。そういう分別や価値付けは「言葉」で行なわれます。「言葉の世界」でもあります。言葉はものごとをすべて相対化します。相対の世界は「有限」です。人間の意識は自已を中心にして回りますから、その世界は「エゴ・自我の世界」です。「エゴ・自我の世界」は自己中心の世界ですから、当然繋がりを失った「バラバラの世界」になります。

繋がりを失った「バラバラの世界」をどこかで一つにまとめ、繋がりをつけるために、人びとは「法律」を作り、「倫理・道徳」という徳目を用意しなければならなくなります。それは、人間は一人では生きられないからです。人と人とが理解し合うために、人間は「言葉」を生みだしました。言葉を用いることによってコミュニケーションが可能になりました。また経済社会を合理的に運営するために「お金」を作りだしました。

人びとは繋がりを確認するために、いろんな枠《わく》を作りだしました。目には見えませんが強力なバリアです。大きいところでは「国家」や「民族」です。その他、いろんな枠を私たちは持っています。「州・県」などの線引、「会社」や「宗教」「学校」などの区分、いまではずいぶん薄くなりましたが、「村落共同体」という枠などです。小さいところでは、「家族」「血縁」などです。それぞれにバリアが張り巡らされています。それは「閉じられた世界」です。その枠内では、共通する同一のものだけを受け入れ、他は排除するように機能します。すべて人間の思いが作りだした世界です。

四　道徳教育、国歌・国旗法

自分の作り上げた小さな枠（バリア）の中だけを生きていると、自分が王様になります。それらの王様が集まったのが社会です。いろんな組織です。もともとバラバラのものが集合して生きていくわけですから、なんとか争わず仲良くやっていくために、人間は「法律」や「倫理・道徳」というものを生みだしました。それらを身につけるために教育やしつけが必要です。人間としての常識を身につける必要があります。

社会の変化がゆるやかな時代は、大人が手本を示すことができました。しかし、現代のように変化の激しい時代は、年取った大人の方が時代から置いていかれます。若い人の方が変化する社会への適応力は高いし早いのです。そうすると若い人や子どもにとって、年取った大人は尊敬の対象ではなくなりました。彼らは大人の言うことを聞かなくなりました。大人の方も、自分が変化する時代についていくのに精一杯で、子どもたちのしつけどころではなくなりました。人間としての本当の、基本的な生き方を知らずに、子どもたちは育ったのです。ただ豊富な知識だけを身につけた子どもたちが、既存の社会の枠組みの秩序を乱した時に、大人の方は的確な対応ができなくなりました。

子どもたちの状態に困惑している大人たちは、短絡的に、「昔はこんなじゃなかった。昔はまだしつけや倫理道徳がしっかりしていた。それは、学校で《修身》の授業があったからだ」と論じます。そして、「今こそ、教育に《心の教育》《いのちの教育》《道徳教育》を採用して、しっかりと子どもたちに《善悪》の観念について教え込まなければいけない」と、声高に叫ぶ人がいます。また、短兵急に「少年法」を強化して締め付けを強くして犯罪を防ごうとする動きもあります。自分たちの問題は棚上げにしたままで。私には、どうも何か的はずれのような気がします。

「国歌・国旗法」が国会で成立しました。愛国心を植え付けるためだそうです。「道徳教育」の復権を叫ぶことと根は同じでしょう。箍《たが》が外れたから、もう一度締め直そう、ということのようですが、なぜ箍《たが》が外れたかという議論は抜きにしてです。根本的なところでずれがあるように思われます。箍《たが》を締める人が、自分は間違いない、他のものが間違っているから間違わないように「枠」をはめるのだというのは、そう言っている人の思い上りでしょう。そのことに気がつかないかぎり、問題の根本的な解決はできないと思います。

五　閉じられた社会――管理社会・システム社会

人間が家畜化しているといわれます。いわゆるマンションやアパートなどという集合住宅の形は、見事にそのことを示しています。鶏のケージの中と同じです。外の世界と外からの情報とを遮断して、人間的な繋がりを断ち切って、自分の世界だけで生きられる、生きていると考えているところに、現代の人間の根源的な問題があるように思われます。

生きていることの実態は、食料から、生きるに必要なお金まで、外の世界に完全に寄り掛かるものです。そのことを典型的に教えてくれたのが、「オウム真理教」のサティアンといわれる建物の構造でした。密閉された部屋の中で、わずかに小さな窓一つが外と繋がるという構造でした。その中で、自分たちだけは正しい世界を生きていると思い込み、それを邪魔する外の世界の者は敵であり、殺してもよいとさえ思い込んでいました。それは人間の意識が作り上げた世界です。それは「オウム真理教」だけでなく、大戦前の日本の軍部や、ドイツのナチスにおいて、もっと大規模な形で起こりました。

「閉じられた世界」は、それだけで一つの世界、エゴの世界を形成します。だから、そこに、いわゆる外部の存在がやってきたら、あるいはやってくると思ったら、自分たちの利益・権益・いのちなどを守ろうとして、それらと対立し、争うことになります。アラブにおける度重なる紛争、東西冷戦以降の世界各地における民族紛争、宗教間の対立による紛争などは、それを物語っています。最近のアフガニスタン・イラクなどをめぐるアメリカを中心とする世界の情勢も、そのことを示しているように思われます。

六　利益追求社会

いま私たちが生きている世界は、表面的な、表層意識の世界です。いわば数学の分数の中の「分子の世界」です。その底に「分母の世界」があるということを私たちは忘れているのです。いや、ある意味で、現代社会は、その「分母の世界」を無用の世界として見捨ててきたのです。それ無くしても、人間はチャント生きられると考えてきたのです。

ドイツの哲学者ニーチェが「神は死んだ」と表明したように、人間は近代産業社会を築いていくのに、「神は不要」即ち「宗教世界は無用だ、邪魔だ」と考え、放り出したのです。「分子の世界」だけで、人間理性の力を信じれば、十分に豊かな社会が築けると考えたのです。その通り、人間は合理的な知の力で科学技術を発達させ、地球の自然を征服して行きました。自分が地球という「いのちの大地」に支えられ、生かされているということを忘れて生きてきたのです。地球上のあらゆるものを人間の都合で改造可能だと錯覚してきたのです。地球上の自然を人工化し、人間の都合のいいように作り替えてきました。それで先進国といわれる国々に見られるような物質的に豊かな世界を生みだしました。

では、現在の世界の経済体制は、すべての人びとに幸せをもたらしていると言えるでしょうか。どうもそうだとは言えないようです。確かに一部の地域の人は、ある程度の豊かさを満喫しています。あるいは、先進国といわれる国々は、確かに豊かになりました。それとは逆に、地球人口の増加などによって、他の一部の地域、いわゆる発展途上国の中には、極端な食料不足に陥り、沢山の人が餓死をしているところもあります。しかし、人びとは自分の国家、自分の企業の利益追求を優先しています。いろんな形で援助はなされていますが、それは、自分の国家、自分の企業が安泰であることを前提にしてなされているのです。地球全体の人びとが、全体である程度平等に豊かになるということは、ほとんど問題にされません。国家のエゴ、企業のエゴがそこにあります。

いま、組織としての企業の利益追求のために、人間のエゴのために、「いのちの地球」は破壊されています。私たちを生かし、支えてくれている「地球」の自然は有限です。最近そのことに科学者たちが気づき、警告を発しています。それで「地球にやさしい～」という言い方が流行っています。そういう視点から企業活動をしていることを売り物にする企業もあります。しかし、よく考えてみると、それこそが人間の奢《おご》りであり、エゴだと思います。自分を中心にして地球を考えているからです、人間の意識が地球よりも上位にあるところに問題があるのです。そういうことに気づくことができるかどうかが、私たちが真に生きる意味での大事なポイントだと思います。

七　私たち人間の生きている世界

このように、私たちは、自分の意識を中心に置いて、あらゆるものを見ているのです。それが現代の私たちの生きている世界の現実です。

ここにきて、私たちは大事なものを忘れてきたような気がします。それは近代以降の人間が忘れてきた、あるいは、意識的に捨ててきた「分母の世界」です。実は、その人間の生きている世界を超えて世界があるということを教えてくれるのが、「宗教」というものです。人間は頭（脳）だけで生きているのではありません。理性（精神・心）だけで生きているのではありません。身体を持って生きているのです。その身体は人間の思い（意識）が作りだしたものではありません。私たちにとって与えられたものです。養老先生は「自然」のものだといわれます。だから人間の思い通りにはなりません。つまり、人間は理性の世界だけを生きているのではないのです。身体を持って生きているということは、「分子の世界」（理性・脳）を超え包んだ「分母の世界」を生きているです。それが「人間（私）のいのち」の全体です。

私たちは、いつその「いのちの世界」を忘れたのでしょうか。実は、ある時から私の上に逆転現象が起きるのです。しかし、私たちはそれに気づきません。その逆転現象は、私たちが「言葉」を覚えた時から起きるのです。「私」という言葉を身につけた時、私たちは、無意識に「私」というものが中心に座るのです。「与えられたいのち」は、いつの間にか「私のいのち」というように、「私」が「いのち」の上に立つのです。その時から、「いのち」は私の中に取り込まれます。私の所有物になるのです。私たちはあらゆるものを自分の中に取り込みます。この私たちが生きている「世界」をもです。そうして、私たちは世界を作り上げるのです。それが「分子の世界」です。自我のバリアに覆《おお》われた私たちの生きている世界になります。各自がそのような世界を作り上げるのですから、お互いがバラバラの世界を生きることになります。小さな窓を開けて、そこから外界を見ているだけです。私たちは、いま、狭い自我の思いの世界（＝分子の世界）だけを世界だと思って生きています。広い無限大のいのちの世界（＝分母の世界）を忘れているのです。人間の「いのち」がアンバランスになっていることに気がついていない、それが問題だと思うのです。

その自分の「いのち」がアンバランスになっていることに気づかせてくれる世界が、実は「分母の世界」（真実世界・宗教世界）です。この世界に私たちが目を開くことが、いま一番大事なことだと思います。それが「教育」の問題の根本であり、大人を含めた私たちすべてのものの根本問題だと思います。

八　仕事のし残し

広島の真宗大谷派のお寺の住職であられた大森忍師からお聞かせいただいたお話です。先生のご縁の奥さんが、こういう話をしてくださったということです。

自分の家の修理をする必要に迫られて、その奥さんは、ある工務店に仕事を頼みました。

その工務店の社長さんは、奥さんが住んでおられる広島県の山手の同じ村の出身だそうです。そういう縁で、その工務店に仕事を頼んだら、同じ村の出身ということもあったのでしょうか、社長自らやってこられた。その社長さんが、仕事をしながら、その奥さんに次のような話をされた。

「自分はこの山村から広島の町へ出て、左官業をしながら一生懸命に働いた。おかげで今では社長と呼ばれるようなものになった。財産も金もでき、地位や名誉も手に入れた。子どもたちもみんな大学を出してやり、それぞれ独立した。娘も嫁にやった。自分は（世間的には）なんでもやってきた男だが、最近、ふと考えるんじゃが、何か仕事のし残しがあるように思えてならんのじゃ」と。

それで、奥さんが聞かれた。

「その仕事のし残しって、何ですか」と。

そうすると、その社長さんは、

「実は、それが何なのか、一生懸命考えるんじゃが、それが何かわからん」と。

大森住職は、この話を聞いて、奥さんと二人、「いい話しですねえ」と言い合ったということです。

本当に大事なお話だと思います。何故大事なお話なのか、それは私たちの生き方が問われているからです。社長さんは問われていることに気づかれているからです。この工務店の社長さんは、何か大事なことを問われているということにはお気づきになられたのですが、残念ながら、それが何なのかわからないでおられるのです。

この社長さんは世間的意味では成功者でしょう。財産も地位も名誉も手に入れられたのですから、もうこれ以上何も言うことはないはずだと思われていたのでしょう。満足できる人生を手に入れられたのだと思います。

しかし、世間が求める「幸せの材料」をみんな手に入れてみて、はじめて何か心の底から満足できない世界があることに気づかれたのです。心の奥底からの呼び声が聞こえてきたのです。それが「分母の世界」（真実世界・アミダの世界）からの呼び掛けです。世間的な幸福を求めることに一生懸命であった時は聞こえてくることはありませんでした。「真実のいのち」の呼び掛けを聞く余裕などなかったのです。しかし、少し精神的に余裕ができて、自分の心の内からの声に耳を澄ませることができた時、はじめて何か心の底から満足できていない自分に気づかれたのです。それが、「何か仕事のし残しがあるように思えてならない」という言葉になったのでしょう。

九　忘れられた教育

ところで、その「やり残した仕事が何なのかわからない」ということは、この社長さんだけではなく、現代日本の大きな問題だと思います。この工務店の社長さんが言われる、「やり残した仕事が何なのか」ということを教えてこなかったのが、日本では明治期以降の、特に戦後の公教育（学校教育）であったと思います。明治政府の至上命題は、西洋の文明に追い付き追い越せということでありました。そのために必要な教育、西洋の科学文明の知識を、とにかく素早く取り入れ吸収することに、全力を注ぎました。

その時、西洋の文明の精神的基盤である「キリスト教」は除きました。「和魂洋才」の教育です。個々人の人間的な成長、心の豊かさなどは問題にされませんでした。西洋の文明に追い付き追い越せという至上命題の解決のためには、むしろ邪魔になると考えたのです。それで、精神的基盤は人為的に作り上げた「天皇中心の国家神道」でもって支配しようと、それを国民（臣民）に強制しました。戦前までは、人間として生きる道は、「滅私奉公」、国家のために奉仕することが一番大事なこととして教えられました。そのための「道徳教育」であり、「修身」であったのです。

戦後は、それが引っ繰り返りました。連合軍司令部（GHQ）の方針もあったのでしょうが、戦前の「国家神道」の愚を繰り返さないためにということで、公教育（学校教育）で特定の宗教教育を行なうことを禁止しました。そのため、すべての宗教と名づけられる教育が排除されることになったのです。人間が真に生きる道としての「宗教心」を育てる教育も行なわれなくなりました。人びとの最大の関心事は個人の利益追求、特に経済的利益の獲得、モノの豊かさを手に入れることになりました。自分の欲しいものを手に入れること、即ち、「名利《みょうり》の追求」が「幸せの道」だと、みんな考えてきたのです。そこでも、それ以外に人間が真実に生きる道があるということは、誰も教えてはくれませんでした。

十　心の時代・宗教の時代

世界的に経済成長が頓挫した頃から、特に日本では一九八〇年代、モノの豊かさがピークに達した頃から、人びとはモノの豊かさだけでは、本当に心の底から満足したとはいえないと考えるようになりました。本当の豊かさは「精神的なもの」にあると思いはじめました。その頃から盛んに、「これからは心の時代、あるいは宗教の時代だ」といわれはじめました。「来るべき二十一世紀は心の時代、あるいは宗教の時代だ」と。

ある意味で、たいへん結構なことだと思いながら、私にはある種の危倶《きぐ》がありました。それは、「心の豊かさ」の求め方、「宗教」を求める方向というようなものについてです。それはいまでもずーっとあります。

その危倶は的外れではなかったようです。その頃から、雨後の竹の子のように、いわゆる「新々宗教」といわれる小集団の新興宗教が出現しはじめました。中には、本当に真面目に宗教の真実を追求されているものもあると思います。しかし、私たちの目の前に見えてきたものは、ある種異様な形で宗教の実践をされている信者の姿でした。外の社会（世間）との関係、情報を遮断して、自分たちの世界だけが絶対であるとして小さな世界に閉じこもる、「閉鎖された世界」を生きる教祖や信者の姿でした。

十一　一般的な宗教観

真実の宗教とはどういうものであるかについて、誰からも教えられなかった私たちが、どのようにして「真実の宗教」と「そうでない宗教」とを見分けることができるでしょうか。一般的によくいわれるように、「どの宗教でも、行き着くところは皆同じ」という理解があります。それで安易に宗教というものはわかっていると思っているかぎり、とんでもない宗教教団の勧誘に引っ掛かり、にっちもさっちも行かなくなるということが起こり得ると思います。最近のマスコミを賑《にぎ》わしている宗教教団の問題を見聞していて、「だから、宗教は、怖いものだ。近づかない方が利口だ」というようなことを時々聞きます。宗教を商売のように考えているニセ宗教者もいますから。だからこそ、きちんとした本当の宗教教育がなされることが、より大事なことだと思います。

一番危ない宗教の求め方、心の豊かさの求め方は、自分というものを問うことなしに、自分の思い、願いを満たしてくれそうな宗教、あるいは神仏を、自分の「外」に安易に手に入れようとすることです。自分の自我の欲望の先に神仏のご利益を求めることです。これは「モノの豊かさ」を求めた時と同じことです。そのように「モノ」の代わりに、今度は「宗教」を、「心の豊かさ」を求めようとしているのです。そのような考えで宗教に接近する人が非常に多いように見受けられます。というよりも、ほとんどの人がそのような考えで、「宗教」というよりも「ご利益」を求めているのでしょう。そのような私たちの願いが悪いというのではありません。ただそういう願いの先には、私たちの「真実の救い」は無いということです。そのことに気がつくかどうかが、私たちが真実の宗教の世界に目が向くかどうかの境目ということです。

私たちは自分の自我的欲望を、神仏を利用して手に入れようとしているのです。自分の欲望を満足させてくださる神様や仏様が良い神様や仏様だと考えています。そういう神様や仏様を信仰することが「宗教」だと考えています。そういう神様や仏様を信仰することによって、自分の力では手に入れることのできないものをいただこうと考えているのです。それがどれほど危険なことか、恐ろしい大変なことか、気がついていないのです。その危険なこと、恐ろしい大変なことの根本原因が、私たち人間の心の中にあるということに気づかせてくださるものが、「真実の宗教」といわれるものなのです。

その宗教が本当に私を救ってくださるかどうかを考えるポイントは、その教えが私に役に立つかどうか（＝有用性）ではなくて、私に私の真実相を、また私の生きている世界の真実相を明らかにしてくれるものかどうか（＝真実性）というところにあります。

私の願いを、欲望を適《かな》えてくれそうな宗教は、私を縛り、身動きできなくさせます。それに対して、私及び私の生きている世界の真実相を明らかにしてくれる宗教は、私を真に解放するものです。それこそが「真実の宗教」であり、「真実の救いの教え」です。

第二章　行の巻

「ええな
世界虚空《こくう》がみなほとけ
わしもその中
なむあみだぶつ」（浅原才市）

Ⅰ　他力廻向の世界

一　「南無阿弥陀仏」——他力廻向の行

他力廻向の行とは、阿弥陀仏の本願である十七願成就の「南無阿弥陀仏」のはたらきのことです。第十七願文は、次のように誓われています。

「設我得仏、十方世界　無量諸仏　不悉咨嗟　称我名者　不取正覚。」

（註釈版聖典一八頁・真宗聖典一八頁）

（もし私が仏になろうとする時に、十方世界の無量の仏たちがみんな私の名をほめ称《たた》えなければ、私は仏の覚りを開かない。）

この誓いが成就したのが「南無阿弥陀仏」という名号です。その「南無阿弥陀仏」には「願」と「行」が具《そな》わっていると、中国の唐代の高僧善導大師《ぜんどうだいし》は教えてくださっています。

「言南無者、即是帰命。亦是発願廻向之義。言阿弥陀仏者、即是其行。」
（註釈版聖典一六九頁・真宗聖典一七六頁）

（南無というのは、帰命すなわちおまかせすること。また願を起こしてその功徳を衆生に回向するという意味です。阿弥陀仏というのは、その願のはたらきということです。）

一切の衆生を救わずにはおかないという願いと、その救いの具体的はたらきとが完全に具わっている（＝願行具足）ということです、だから、この「南無阿弥陀仏」という名号をそのまま領受して、念仏して、浄土に往生する身になってくれと、如来は「南無阿弥陀仏」となって呼び掛けられているのです。その如来のはたらきを「廻向」といいます。

「南無阿弥陀仏」というのは、特に親鸞聖人は、真実の教えとされた『仏説無量寿経』（大無量寿経）の四十八願の中の第十七願「諸仏称名の願」を「称名」（御名《みな》を称えること）即ち「南無阿弥陀仏」が、「如来の行」（大行）だと位置付けられました。「仏のはたらき」が「南無阿弥陀仏」という言葉となって私たちのところへ到《とど》けられているということです。「向こうからのはたらき」です。その呼び掛けは「南無せよ（まかせよ）、必ず助ける」という意味だとされています。

二　「南無阿弥陀仏」のはたらき

「南無阿弥陀仏」が「南無せよ（まかせよ）、必ず助ける」という意味だということは、別の言い方では、「念仏せよ」、「念仏申せ」という呼び掛け、如来の勅命（命令）であるとされます。したがって、その呼び掛けが私に到《とど》いて、私が南無したことが、「信心」をいただいたことであり、「念仏申す身になった」ということです。そこで「阿弥陀」の世界、即ち「真実そのもの」の世界に立たせてもらえるのです。それが「私が救われた」ということです。南無することによって、仏の世界と一つになる、包まれるのです。私の立脚地の転換が起こるのです。

「南無阿弥陀仏」において、大事なことは「南無」するということだと思います。「南無」とは、「おまかせする」ということ、それは「身を捨てる」ということでしょう。もう一つ言えば、「今自分の立っている場を捨てる」ということです。

「南無阿弥陀仏」において、それは二つのことが意味されていると思います。

一つは、「阿弥陀仏」がまず「南無」されているということです。即ち、「阿弥陀仏」が自分の本拠である「真如」の世界（仏土・浄土）を捨てて、相（すがた）を現わして、

「言葉の仏」になられたということです。そして、私たち衆生のところまで身を現わして「真実に目覚めてくれ」「念仏申してくれ」と呼び掛けられているのです。そこにはじめて私たちが救われる手がかりがついたのです。

二つめは、その如来の呼び掛けが私に聞こえて、それによって私の自我《じが》の殻《から》が破られて（＝それが自力無功の信知）、私の上に「南無」が起こることです。そこに「念仏申す身になる」ということ、即ち「私の救い」が成就するのです。

私たちが「南無」することができるのは、如来が私たちのために「南無」されているからだと思います。その如来の「南無阿弥陀仏」のはたらきを通して、私の上に「自我の崩壊」（自力無功の信知＝信に死す）が起こり、同時に「真実の自己」の誕生（＝願に生きる）があるのです。それを「往生浄土」というのです。それが「念仏の救い」のはたらき、「いわれ」だということです。

三　なぜ「言葉の仏」か——言葉と実在

一般的に言えば、日常的に使う言葉において、「ものそのもの」とそれを言い表わす「言葉」とは完全に同じではありません。それは少し考えればすぐ気がつくことです。例えば、「火」そのものと「火」という言葉とはぴったり同じではありません。「火」そのものには、私たちがそれに触れると火傷《やけど》をします。しかし、「火」という言葉を私たちが何度口にしても火傷することはありません。言葉は、ものを考えたり、伝えたりする手段として使います。また、存在する対象物を言い表わし、区別し、ある限定を与えるためにも、言葉を用います。「記号としての言葉」と言ってもいいでしょう。

言葉はそういう日常的な人間生活のための目的、手段としてだけでなく、用いられることがあります。学問の世界の言葉です。「概念語」といわれています。ものの本質を言い表わすものです。哲学の用語はその代表でしょう。「超越」という言葉も、そういう言葉です。

哲学者の大峯顯先生は、さらにもう一つ次元の違う言語があると言われます。「宗教的言語」です。日常用語はものを外から指し示すだけの記号としての言葉。概念語はものの本質を言い表わす言葉。そこでは、まだ「もの」とそれを示す「言葉」とが完全に一体だとは言えないといわれます。それに対して、「宗教的言語」は、ものが言葉であり言葉がものであるという言語の在り方だといわれます、その代表が「南無阿弥陀仏」という名号《みょうごう》です。「仏」がそのまま「言葉」として現われているのです。「南無阿弥陀仏」という名号がそのまま「仏」である在り方です。そこに「南無阿弥陀仏」という名号が「大行《だいぎょう》」と親鸞聖人が言われる理由があるのです。法蔵菩薩が一切の衆生を救うと願われた、その願いを成就するために、もっとも正確に、間違いなく「真実」を十方衆生に伝達し、救う方法が、「言葉」としての「仏」であったということです。唐代の高僧善導大師は、「南無阿弥陀仏」の中に仏の十方衆生を救うという「願」と「行」とが込められていると教えてくださいました。「南無阿弥陀仏」が仏さまですから、お念仏を称える身になることが「救い」であるのです(「言葉と仏」について詳しいことは、大峯顯先生の著書を読んでください)。

四 「南無阿弥陀仏」と念仏嫌いのおばあさん

念仏は死者に関わる言葉だから、耳にすることも口にすることも嫌い。だから世間話は聞くけれども、仏法の話は一切聞きたくないという大金持ちのおばあさんに、「南無阿弥陀仏」の真実のはたらきを伝えて廻心させたKさんという方を、念仏医者として名高い米沢英雄先生が紹介されています。どうやって伝えたかというと、話しても聞いてくれないから、「南無阿弥陀仏」のはたらきを文章に書いて、おばあさんのところに「どうか読んでみてください」と言って置いてきたのです。非常にわかりやすく「南無阿弥陀仏」について書かれてあると思いますので、その手紙を紹介します。

《はたらきさま》

「念仏は、人間を、あなたを、この世の中に送り出した責任を取られた言葉です。生かしめる誓いを建てられ、あなたが今日まで生きてくるのに、何ひとつ欠けても生きていかれないはたらきが、念仏です。太陽から月から山から川から、草から木から、大地から水から、火から風から、衣から住から、ミミズからクモにいたるまで、ましてあなたの身体はいうまでもなく、息の出入り、空気まで、何から何まで宇宙万有一切のはたらきが念仏です。この念仏はあなた一人を中心に、一瞬も休まず夜昼はたらき通し、これが南無阿弥陀仏です。

この念仏がきらいなら、南無阿弥陀仏ということがいやなら、《はたらきさま》と書いておきましたから、あなたが、このはたらきが腑に落ち、腹に落ちましたら、はじめてあなたの南無阿弥陀仏となります。何も死ぬことは書いてありません。生かしめる、生かそうの誓いをもって、あなたに呼び掛ける、これが《はたらき》です。

南無阿弥陀仏というお心は、あなたの身から心まで責任を取る願いをもった仏です。それが名にまでなられた仏です。どうか、《はたらきさま》と読み変えて読んで下さい。」

（米沢英雄『生かされて生きる』弥生書房刊より）

おばあさんは、その手紙を何度も捨てようとして捨て切れず、気になるので読み返しているうちに、ボロボロになった。二カ月半かかって、やっとおばあさんは頭が下がった。「南無阿弥陀仏」のはたらきがわかった。その時から、おばあさんの今までの生き方が百八十度引っ繰り返ってしまったということです。

五　仏の足音

如来はいろんな姿、形で私たちの前に現われてくださいます。それを「方便法身《ほうべんほっしん》」といいます。

足音　榎本栄一

夜かすかな雨の音
風の音
これは仏さまが
この人の世を
お歩きになる足音です　（榎本栄一『煩悩林』難波別院刊より）

念仏詩人といわれた榎本栄一さんは、たくさんの念仏の詩を書き残してくださいました。その中の一つです。私の好きな詩の一つです。

仏さまにはいろいろの相（すがた）があります。本来の相は、実は「いろもかたちもましまさず」（『一念多念文意』）と親鸞聖人がおっしゃっているように、私たちの認識を超えた存在です。私たちはまったくその存在を知ることができません。そのような仏さまを「法身仏《ほっしんぶつ》」あるいは「法性《ほっしょう》 法身《ほっしん》」の仏といいます。無限絶対の真実そのもののことです。しかし、それでは私たち凡人には、私たちとどんな関係があるのか、どう関わっていいのかわかりません。それで仏さまの方から無限絶対の存在を自己限定して、姿、形を現わしたのが「阿弥陀仏」という仏さまです。「報身仏《ほうじんぶつ》」（法蔵菩薩の身から永い修行の結果、仏になられた存在）といいます。また「南無阿弥陀仏」という仏さまです。「方便法身」の仏といいます。「方便」とは、真実に近づくための手立て、手段という意味と、もう一つ、姿、形のない「真実そのもの」が具体的相を取ること（具現化）をいいます。「南無阿弥陀仏」という仏さま以外に「阿弥陀仏」が存在するのではありません。また仏さまはあらゆる現実の存在としてそのはたらきを現わしておられます。その仏の姿、形を「化《け》身《しん》」の仏といいます。あるいは「応身仏《おうじんぶつ》」ともいいます。その相を、親鸞聖人は「諸仏《しょぶつ》」と言われます。

　榎本さんの詩に出てくる仏さまは「化身」の仏さま、「諸仏《しょぶつ》」です。私たちの周りの一切の存在、動き、はたらきが仏さまの活動の相だと聞き取られたのが、この詩です。榎本さんはそういう世界を自覚されていることが、先の詩から読み取れると思います。

六　世界の違い

他力廻向の世界とは、アミダ如来のはたらきの世界です。それは絶対無限の世界です。絶対無限の世界とは、真実そのものの世界です。その世界は、私たち有限の世界に具体的な形ではたらきを現わします。それは「自然《じねん》」なる世界です。「自然《じねん》」とは、「おのずからそうなっている」ということです。私たちの周りの世界だけでなく、我が身のいのちの世界もそうなっています。

「アミダ如来」と「私・衆生」とは、世界が違います。それをキチンと認識しておくことが、「宗教」（仏教）を語り、あるいは理解する時には必要です。「向こう側」と「こちら側」とは、「彼岸」の世界、即ち絶対無限の世界と、「此岸」の世界、即ちシャバである私たちが生きている世界、有限相対の世界です。相対的に相対《あいたい》しているのではありません。絶対無限の世界は有限相対の世界を超越して、同時にその世界を包みこんでいます。ただ私たちの意識ではそう見えない、思えないだけです。そこに教義理解の上でいろいろ混乱が起こります。この点に注意すると比較的わかりやすいと思います。

《私たちの見ている世界》

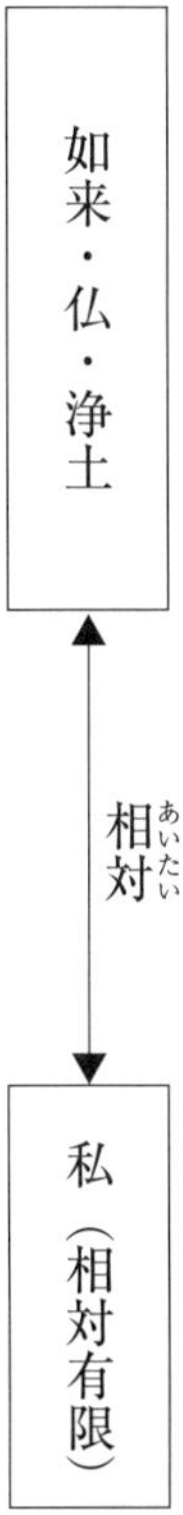

《如来・仏の見ている世界》

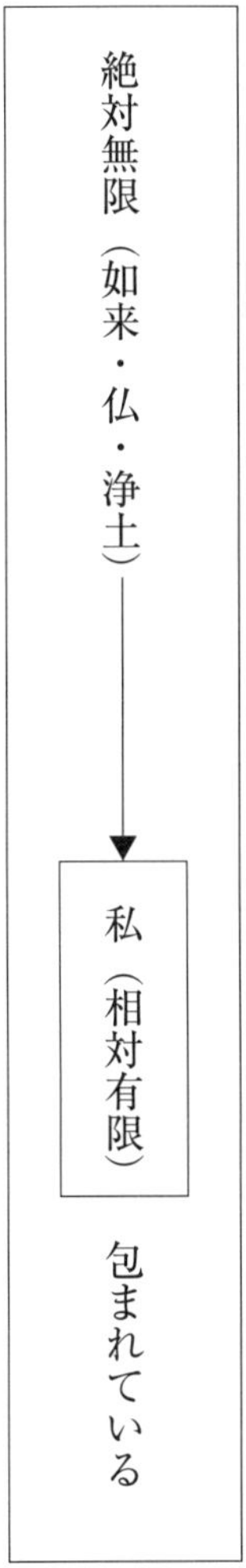

絶対無限（如来・仏）の只中に包まれているからこそ、それに一切をまかせて、安心しきっている世界が、称名念仏の中に、合掌の中に開かれてくる。それは、「私の場の転換」「立脚地の転換」ということにおいてはじめて開かれる世界です。それが如来廻向のはたらきによってなさしめられるのです。

迷っていながら迷っているとも気づかないこの私です。そのような私を救わんがために、如来の方で大変なご苦労をくださって、私たちが助かるに必要な一切の要件を完全に仕上げてくださっている。それを私の方へ差し向けられて、受け取ってくれと呼び掛けられている。「ただ念仏せよ」と。いくつかの詩を取り上げて、そのことを考えてみたいと思います。

七　「喜んでいるのだろう」――真実世界と顚倒の世界

「南無阿弥陀仏」とは、具現化した如来そのもの、「宇宙万有一切のはたらき」です。そのはたらきを「他力廻向」といいます。そのはたらきをいのちの根底にして、私たちは生かされて生きているのです。その「宇宙万有一切のはたらき」が私たちに無条件で与えられていると、念仏詩人、西教恵さんは詠《うた》ってくださっています。何の選びも無く、まさに無条件に「生きるに必要なもの」が、いのち有るものに与えられているのです。「南無阿弥陀仏」の具体的はたらきと言ってもよいでしょう。

無条件　　西教恵

私どもが生きている世界で
絶対に必要なものは
無条件で与えられている
太陽の光

空気
水
大地
そこに草木は生きている
動物も生息している
その中で人間は
小さな価値を争って
苦しんでいる（竹下哲『歎異抄を光として』葦書房刊より）

妙好人詩人、浅原才市の詩にも、「世界虚空がみなほとけ　わしもその中　南無阿弥陀仏」とあります。この世の一切が仏さまの活動の相（すがた）だということです。そういう仏のはたらきの中に生かされて生きているのが、私たちだということです。そういう事実を目の前にしながら、それに気づかずに、あるいは「あたりまえ」と思って生きているのが、私たちの姿です。そこに人間のおごりがあるのでしょう。そのことに気づかせていただくことが大事なことです。そのことに気づくかどうかが、「信心」の問題であり、本願寺中興の祖、第八代の蓮如上人の言われる「後生の一大事」ということです。

真実そのものの、如来の「他力廻向」のはたらきには、ただ私たちを支え続け生かしている「宇宙万有一切のはたらき」としてだけでなく、もう一つ大事なはたらきがあります。そのはたらきは「真実なる世界」を知らせ、私たち人間の「自己の虚偽なること」に気づかせることです。その気づき、目覚めがないと、迷いの存在である私たちは、いつまでも迷いのままの人生を送ることになります。真実に目覚めることがありません。

喜んでいるのだろう　　まどみちお

犬は喜んでいるのだろう
自分がちょうど犬くらいに
犬にして貰えていることだけは

雀も喜んでいるのだろう
自分がちょうど雀くらいに
雀にして貰えていることだけは

ヘビもフナもアリもスミレも
みんなめいめいに喜んでいるのだろう
自分がちょうど自分くらいに

自分にして貰えていることだけは
で人間よ
もちろんきみも
喜んでいるのであってくれますように！
自分がちょうど人間くらいに
人間にして貰えていることを
そしてそのうえに
犬も雀もヘビもフナもアリもスミレも
そのほかのどんな生き物でもが
みんなちょうどその生き物くらいに
その生き物にして貰えていることをまでも

（伊藤英治編『まど・みちお全詩集』理論社刊より）

まどみちおさんは、「ぞうさん」などの童謡なども作詞された詩人です。クリスチャンのようですが、その詩は、だれにでもわかる平易な言葉で創られています。しかし、その詩は読む人を楽しませ、感動させる深さ、広さを持っています、私は、それはまどさんが宗教的世界をその根底に持っておられるからだと思います。それが人間に対して、自然に対して、生き物に対しての、温かいやさしさに溢れているのだと思います。

犬も雀もヘビもフナもアリもスミレも、そのほかのどんな生き物でもがみんな「自分がちょうど自分くらいに／自分にして貰えていることだけは」「みんなめいめいに喜んでいるのだろう」と、まどさんは詠《うた》われる。そして人間だってその一員なんだ。だから「人間よ／もちろんきみも／喜んでいるのであってくれますように！」と願われています。

私たち人間も、他のすべての生き物も、それぞれに違いがあり、それぞれの違ったいのちを生きているからこそ大事なのです。違うもの同士がその違いを認め合いながら、その違いを生かしていく、共につながりの世界を生きていく。自分の存在を喜んで生きていくことこそ、「いのちの世界」の真実であると思います。仏法ではそれを「縁起の世界」といいます。一切のものが繋がり合い、関係し合って存在している。一つとして自分だけの力で独立して存在しているものはない、ということです。最近の言葉で言えば「共生《きょうせい》」ということです。

すべてのいのちある存在は、生物、無生物を超えて生態系の中に繋がり合い、存在しているのです。それぞれがそれぞれの役割を果たしているのです。この世に、これは要らない、必要ないというようなものはないのです。みんなお互い助け合い、協調し合って生きているのです。そういう世界をまどさんは詠われていると思います。そして、そこに、ある一つの願いが託されています。それは私たち人間の有り様についてです。

まどさんのこの詩は、私たち人間も他の一切の生き物と同じいのちを大地として生きているのにかかわらず、自分の真の立脚地を忘れて浮かれて生きている、私たちの相を悲嘆されている詩だと私には思われます。その世界は、自己のいのちと他なるもののいのちとを分別して、自己を是とし他を非とする世界です。繋がりを失ったバラバラのいのちの世界です。まさに群衆のいのちの中に居りながら孤独な、独りぼっちの世界です、それは真実のいのちの有り様に背いた生き方です。そういう逆さまのいのちを生きている自分に気づいてください、そして他の一切の生き物の「いのち」と共に生きる世界を見出してください、というまどさんの願いが、詩の最後の行の心でしょう。

そしてまた、まさにそのことが「いのちそのもの」（如来）から私たちに願われているのです。その願いが「南無阿弥陀仏」を通して私たちに到《とど》けられるのが「他力廻向」ということです、真実そのものは、「おまえの生き方は逆さまだ」「真実のいのちに背いた生き方だ」と知らせ、同時に、私たちに、「真実そのものの世界へ帰れ」「いのちそのものの世界を自己の立脚地として生きよ」と願いを掛け、呼び掛け続けているのです。それが「南無阿弥陀仏」です。

Ⅱ　道徳の世界と宗教の世界

一　道徳の世界と宗教の世界とは根本的に違う

なぜか、一般に「道徳」と「宗教」とは同一レベルだと考える人が多く、その目的地が違うだけだと思われています。共に善悪を問題にし、それをきちんと理解して身に付け、行動することが求められていると。そして、「道徳」の世界では、善を行い悪をなさない人は「立派な人」として世間から評価されます。特にそういう点で優れている人は、国から勲章が貰えたり、いろんな団体から表彰されたりするのです。「道徳」の世界では、世間的に「立派な人」と評価されるような人になることが求められています。それが「人間として生きる道」だということです。

それに対して、「宗教」の世界でも、善を行い悪をなさないことが求められていると考えられています。善を行い悪をなさないことが「悟り」への道だと思われています。あるいは、宗教的に立派な人は、善根功徳を積み、悪の種を断ち切った人だと。だから偉いのだと考えられています。そのため、だれかお坊さんが何かちょっとした悪いことをすると、一般の人ならあまり問題にならなくても、「お坊さんがあんなことをして」と強く非難されることになります。悪いことをしてもいいということではありませんが。そこには、仏道修行をするということは、一般の人にはできない難行苦行をして悪を起こす元である煩悩を断ち切って、ありがたい立派なお坊さんや修行者になるのだから、悪いことをするはずがない、という思い込みがあると思います。つまり、それも善悪のレベルで宗教が考えられているのです。

ここで、私が問題にしたいのは、「道徳」と「宗教」には根本的な違いがあるということです。それについて考えてみたいと思います。それをきちんと理解しておかないと、真実の宗教とは何かということがわからないと思います。また、今世間を騒がせているような宗教団体の勧誘に引っ掛かることになると思います。混同したままでは、宗教的な本当の救いは得られないと思います。また現代の精神的荒廃を救う道は、私は道徳教育の充実だけでは間に合わないと思います。もっと根本的なところでの建て直しが必要です。

二　「道徳」と「宗教」との違い

(1)　世界が違う

※「**道徳の世界**」
*相対・分別の世界
*人間知（理性）の世界・知識が作り上げた人工世界・合理の世界
*世間法の世界（社会秩序の維持装置）
*人と人との間の問題（人間以外の他の存在は問題にならない）
*「～ねばならない、～であるべきだ」（sollenの世界）という枠を設ける
*閉ざされた世界（決められた枠の中に入ることを強要される）↓アウトロー・非行

※「**宗教の世界**」
*絶対無限の世界を根底に持つ
*真実智（いのちそのもの）の世界・絶対智・超合理の世界
*出世間（人間理性を超えた）の世界
*真実世界（【仏・神】 ──→ 【人間・衆生・私】）相対世界との関係

＊「～である、あるがまま」(自然・与えられた世界)(Da seinの世界)

＊開かれた世界(自我的相対の狭い枠を出て、絶対無限の広い世界を生きるものになる)＝「無碍の一道」

「道徳世界」のイメージ図

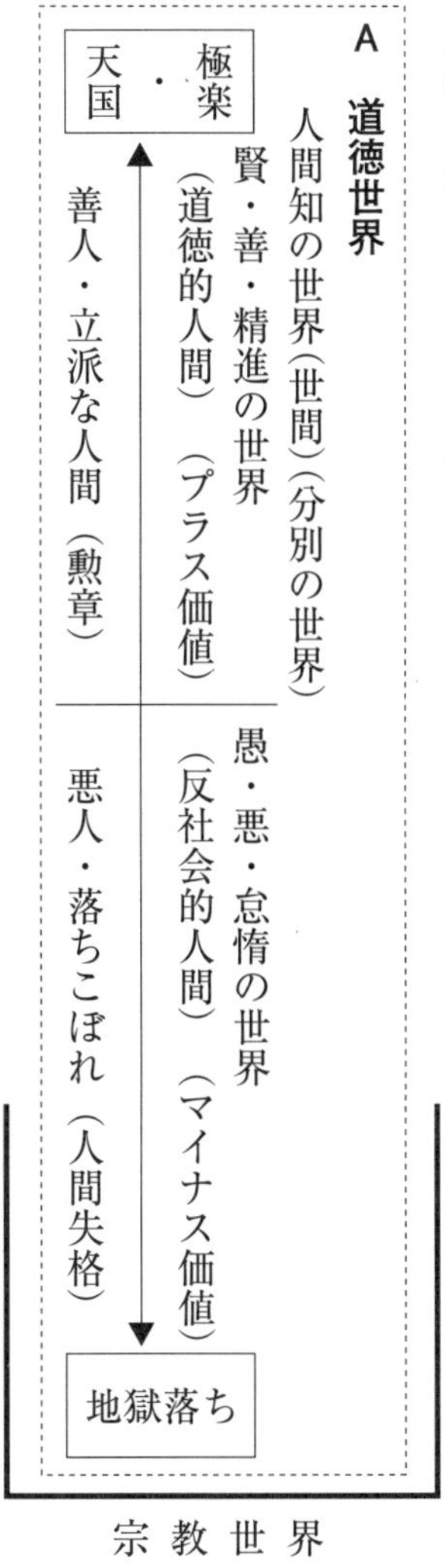

＊宗教世界が道徳世界の全体を包み超えて支えている

(2)　価値基準が違う

※**「道徳の世界」の価値基準**

＊「善悪」が基準(この基準で分別する)

＊人間社会の秩序維持に有益なものが「善」、有害なものが「悪」

＊「賢・善・精進」がプラス価値・逆に「愚・悪・怠惰」はマイナス価値とされる
＊目指すべきもの→完全なる善人・高潔な人・立派といわれる人
　＊問題点＝「善悪」の基準は誰が決めるのか→人間が決める→決める人の都合による

※「宗教の世界」の価値基準

＊「真実」が基準（真実か、真実でないか）＝絶対不変の基準
（善悪は相対分別・人間のはからいの世界／道徳世界とは次元が違う）
＊「真実世界」＝「真実なるもの」を知らせ、そのことを通して逆に「虚偽」を気づかせる。同時に「虚偽」なるものを摂め取り、捨てない
＊人間世界（相対・分別の世界）＝仮の世界・虚偽の世界→そのことを「真実」に出遇って知らされる。＝人間知の世界に真実が無いことを
＊宗教世界が目指すもの＝真実世界を生きること
「宗教の世界」に生きるためには、「自己の真実相」が真実に背いていることに気づくことが大事。

「真実に背いている」自分こそ、私の真実の相であると気づく、目覚める（信心）。そこに立派な人間に成れない私、むしろ地獄落ちの私を知らされることによって、愚かなままの自分を生かしている「真実世界」をいただく。そこに「救い」を見出す。

［宗教世界］のイメージ図

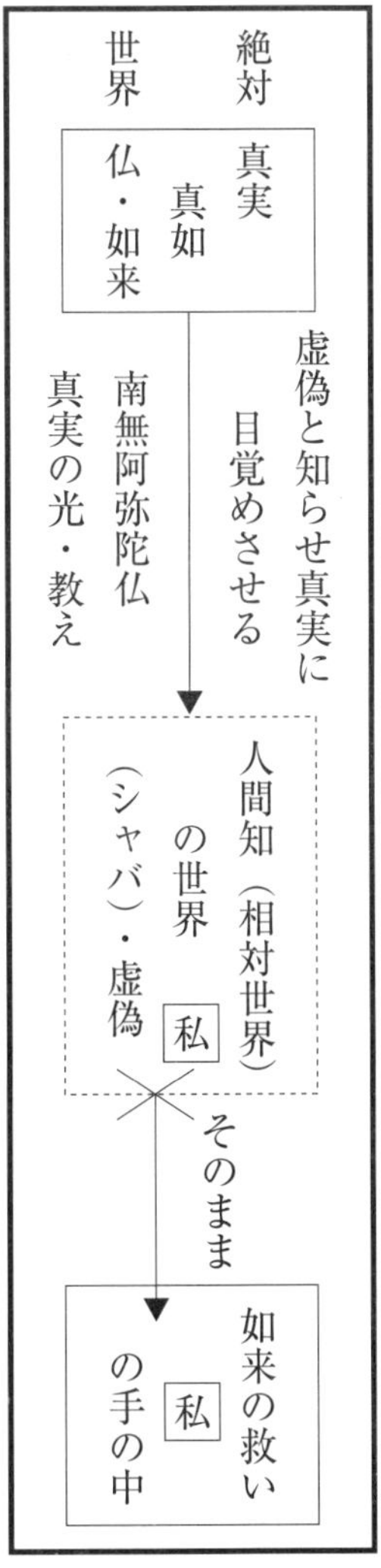

三　「相対世界」（善悪）と「絶対世界」（真偽）

「道徳」と「宗教」の違いは、端的に言えば、一方は「世間」という人間世界の問題であり、他方は人間を超えた存在と人間との間に見出される世界の問題です。道徳は「世間」という範囲を自分の守備範囲としています。それに対して宗教は「出世間」の問題、人間理性を超えた世界（絶対真実）と私との出遇《であ》いを扱うとされます。したがって、一つはその次元が違うということです。もう一つは、その価値基準が違うということです。道徳世界では「善悪」が基準です。これによって人間の行為や人間そのものまで分別します。「善」なる行為が奨励されて、「悪」なる行為は排斥されます。それに対して「宗教世界」では「真実」か「真実でない」かが問題にされます、真実であることが絶対であり、「真実ならざるもの」「真実に背いた行為」は救いから遠ざかるとされます。

道徳世界には狭い枠組みがあります。「善悪」の基準も人間が決めるところに問題があります。決める人の都合によるので一定しません。また、人と人との間の関係に関わることですから、人間社会の秩序維持には有効ですが、人間以外の生物や存在には適用されません。さらに、当然その適用範囲の枠組みも「国家」「民族」「地域」など限定されます。あるところでは「善」なる行ないであっても、別の地域では「悪」になる行為もあると思います。あくまでも相対的基準です。

それに対して、宗教世界は、人間が自分の身勝手な価値基準でこの世を生きている、その全体を支え、生かしている世界です。ただ支え、生かしているだけでなく、「真実」なるもの、「真実世界」に目覚めよと呼び掛け、はたらき掛けているのです。それを「如来」「仏」あるいは「絶対神」というのです。そういう世界があって、私たちは安心して生きることができるのです。

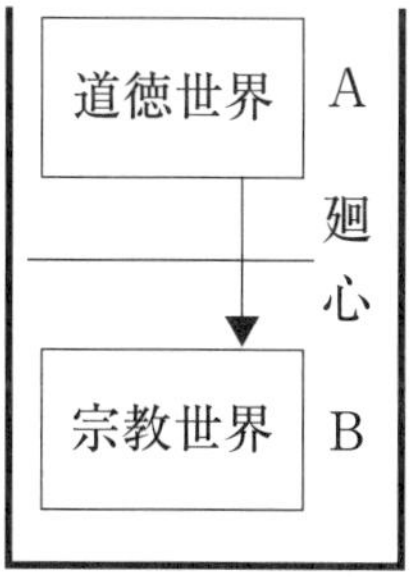

今日の問題は、根本的には私たちを生かし、支え続けている絶対世界である「宗教世界」（B世界）のあることを忘れ、あるいは無視し、放り出して、人間理性の力だけで、世間道徳の世界（A世界）を生きられると思っているところにあると思います。思想的には、哲学者ニーチェ以来、「神は死んだ」として人間がこの世に君臨しだした時からの問題だともいえるでしょう。西欧におけるルネッサンス（人間復興）以来の科学技術の発達は、人間社会に豊かさを、特にこの二十世紀に飛躍的な発展をもたらしました。しかし、生きるいのちの拠り所を失った私たちは、あてどない精神的放浪を余儀なくされています。今こそ、真の意味での「人間救済の教え」の出現が待たれています。五木寛之氏の『大河の一滴』などの本が読まれるのも、その現われではないかと思います。

四　道徳の世界と宗教の世界との違いを表わす事例

道徳の世界と宗教の世界との違いを表わす具体的な事例がありますので、それを素材に、その違いがどこにあるかを考えてみたいと思います。

生かしてみたり、殺してみたり——同朋の会の感話より

「うちの嫁（私のこと、五十八歳）は、甲斐性なし」が、口ぐせの姑バーチャン（八十二歳）は近隣に聞こえるきついバーチャンである。今は中風気味で、寝たきりとなって、三度の食事から下の世話まで、「甲斐性なし」の私の仕事になっている。

息子夫婦は、「仕事の都合」を口実に都会へ出て、たまにしか帰ってこない。百姓仕事と姑の世話、近所の友達から、「大変ねえ」と、いたわられる。私の苦労を分かってくれる人があるんだと思い、心が安まる。

でも寝たきりになってくれたので、長い間の目の上のタンコブがとれた思いで、内心ホッとすると同時に、おぞましい心が顔をのぞかせる。お寺でお話を聞いても、押さえても叱っても、この心の始末がつけられない。

私の唯一の楽しみは舞踊である。長い練習を積んで、今日は午後一時から晴れの舞台に立つため、近所の踊り仲間と出かけることになっている。

午前中の仕事は早めに切り上げ、バーチャンに昼食を運ぶ。

今日に限って、なかなか食事がはかどらない。どんどん迫ってくる踊りの時間に、イライラする。

「バーチャン、早よう食べてよ」

言葉も態度も邪険になる。私が踊りに行くものだから、ワザと意地悪してるんだ…と、憎たらしくなってくる。

それから数日後のこと。

「おーい、お昼がすんだら早よう来い」

こう言い残して主人は畑へ出かけた。

私は、今日は市場へ出荷するための野菜の品揃えで、朝早くから働きづめ、身体もクタクタで、多少熱もあるらしい。

バーチャンに昼食を運ぶ。

「さあ、ゆっくり食べて」

世間話を聞かせたり、食後の後で顔を拭いてやったり、…畑へ出たのは午後の二時頃となっていた。主人は怒っている。

「この忙しい日に、何しとるんじゃ」

私は思わず、「何ですか、バーチャンの世話じゃありませんか」と口答えしかけてハッとした。《おまえ、バーチャンの世話だなんて、本当に言えるのか。バーチャンを利用して、つらい畑仕事から逃げとるんでないか…。その証拠に、踊りにいくときはバーチャンが邪魔になって、邪険に扱ったでないか、どうや》という胸底からの声が聞こえたからだ。

うちのバーチャンは、評判のきついバーチャンだが、そのバーチャンを、自分の都合で、生かしたり殺したりしているこの私の方が、もっと恐ろしい鬼嫁ではないか。

この自力一杯の根性が、主人を、子供を、生かしたり殺したり、あげくの果てに、調子がよいと「長生きしてよかった」と言い、悪いと「早ようお迎えを」と、自分まで生かしたり殺したりする。

＊

バーチャンは八十二才まで長生きして、鬼でありながら、鬼とも気づかない私を、「人間」に育てるために、ご苦労くださっている仏さまではなかったかと…。

（宮戸道雄『仏に遇う』樹心社刊より）

五　廻心の世界――「胸底からの声」

見事な宗教的転換、廻心が述べられています。余計な説明は必要ないと思いますが、「道徳の世界」と「宗教の世界」の違いが見事に語られてもいますので、あえて少しその点について述べてみたいと思います。

「道徳の世界」は外向きの世界です。自と他との関係での自分の位置付けです。そういう立場から自分を評価します。

＊きついバーチャンによく仕えた立派な嫁さん
＊寝たきりのバーチャンをよく世話する立派な嫁さん
＊その上家業の農業をもやっている

そのような自分を近所の友達も誉めてくれる。自分でも人並み以上にチャントやっていると思っている。それが「口答え」という形で出ようとしたのでしょう。そこに、道徳的に「善人」であるという意識がのぞいています。自分の正当化です。自分のやっていることに他人からとやかく言われる筋合いはないという思いです。「道徳の世界」ではなんら非難されるところはありません。一般的社会通念の上からは「嫁」としての役割を守って立派にやっているとして認められる存在です。「道徳の世界」は自己そのものを問題にすることはありません。これ以上のことはないと言えます。

ところが、このお嫁さんの立場が引っ繰り返るのです。「口答えしかけてハッとした」と言われています。ここに心の転回があります。道徳の世界では正当化できていた自分の立場が問題になったのです。「道徳の世界」から「宗教の世界」への転換です。外向きの眼が「内向き」に転ぜられたのです。表向きは問題にならない自分の心の奥底の動きが問われたのです。（八五頁の図参照）

どうして、そういう心の転回が起こったのでしょうか。ここに大事なことがあります。そういう自分の心を、我が身を見つめる世界を、仏法を聞くということを通して知らず知らずに身に付けておられたのだと思います。「お寺でお話を聞いても、押さえても叱っても、この心の始末がつけられない」という言葉の中に、仏法との出遇《であ》いがあります。日頃から真実の仏法を聞いていないと気づけない世界だと思います。道徳の世界では十分に自分を正当化できていたからです。自分が見えるということは、自分を照らしてくれる「光に遇う」ということです。光は闇を照らすものです。自分の闇が照らしだされてはじめて私たちは自分が真実のいのち背いた生き方をしていたということに気づかされるのです。

「胸底からの声が聞こえた」と言われています。自分を呼び覚ます声です。その「胸底からの声」というのは、真実のいのちの呼び声「南無阿弥陀仏」です。「仏の呼び声」です。「他力廻向」です。それは真実そのものが、真実の自分を見失い、気づけないで迷い苦しんでいる「私」に、真実の私の相（すがた）を知らせるために「南無阿弥陀仏」という名号となってはたらいてくださっている「仏さま」なのです。

六　真実の自己に目覚める

その「仏の呼び声」に呼び覚まされてみると、自分では人並み以上にチャントやっているつもりの自分が見えてきます。なんと「自分の都合」でしか生きていないという自分の相（すがた）です。自分の身勝手さです。それが私の闇です。表向きは正当化できても、自分の心はごまかせません。真実の光に照らされてそういう自分の虚偽性が見えてくるのです。それが「鬼嫁」ではないかという慚愧《ざんき》です。まさに「悪人の自覚」です。頭の下がった世界です。その「頭が下がること」を仏法では「南無」とか「帰命」といいます。そこに立つと、自分が如何に周りのものを自分の都合で「生かしたり、殺したり」していたのかが見えてきます。自分さえも自分の思いで「生かしたり、殺したり」していたということに気づかされるのです。それが「本当の自分の相」であったといただかれるのです。

自分では間違っていないと思っていた世界が、逆にそういう自分こそが、身勝手な「悪人」であったと気づかされるのです。それが「機《き》の深信《じんしん》」です。「どうしょうもない私」の自覚、「救いようのない私」の自覚です。そこに、実は同時にそういう自分を知らせ、気づかせてくれた真実のはたらきをいただくのです。それを「法《ほう》の深信《じんしん》」といいます。これが真実の信心です。

そこに立つと、いままで見ていた世界が一変します。自分の力で頑張って生きていると思っていたけれども、実は周りの人に許されて生きていた自分が見えてきます。自分を正当化していた時は、姑バーチャンは「目の上のタンコブ」としか見えなかった。それが、自分が如何に身勝手であり、愚かであるかと気づかされた時、姑バーチャンを見る目が一変して、今度は「仏さま」と拝む世界が開かれている。自分の立脚地が引っ繰り返ったのです。自我を自分の立脚地としている時は、自己を正当化できましたが、その自我の立脚地が真実の光によって破られて引っ繰り返された時、立たされるところが下座、地獄一定の世界です。そこは同時に仏の手の中、仏地です。真実のいのちの大地です。

鬼嫁の私、それが私の真実の相に気づかされた時、「目の上のタンコブ」であった姑バーチャンを「仏さま」と拝む人生が開かれてくるのです。自分がチャントやっていると思っている時には、自分が「鬼嫁」だなんて考えてもいない。そういう自分、「鬼でありながら、鬼とも気づかない私」に、そのことを気づかせることによって、「本当の人間」に成ってほしいという願いをもって長生きして教え、育ててくれているのが姑バーチャンであったといただかれたのです。そこに姑バーチャンを「仏さま」と拝まずにはおれない世界があるのです。とても一緒に生きられないと思っていた姑バーチャンと共に生きていける世界が開かれてくる、そういう世界を「往生浄土の人生」といいます。そこに、このお嫁さんの「仏さま」に出遇った世界があります。「救いの世界」「助かった世界」がありま す。そういう世界が、「宗教」が明らかにする世界です、

「道徳の世界」のもっと深みに、次元の違った世界があるのです。その世界を「宗教の世界」というのです。その世界に目覚め、その世界を生きることが、「本当の人間」になる道です。

「道徳の世界」は有限の、狭い小さな浅い世界です。仏法ではその世界を「自力の世界」といいます。その全体を包み支えている世界が「真実のいのちの世界」です。そこは無限の広がりを持つ世界です。それが「宗教の世界」です。それを「絶対他力の世界」といいます。その「絶対他力の世界」に目覚めてはじめて、人間は「本当の自分」を取り戻すのです。「あるがままの自分」をいただいて、安心して「あるがままの自分」のままで生きていける世界を見出すのです。そのことを、このお嫁さんの事例は見事に私たちに教えて

くださっていると思います。

現代は、「宗教無用論」が幅をきかせています。この人生を生きるのに「宗教なんて必要ない」、「宗教が無くったってチャント生きられる」などということをよく聞きます。

自分の生きている世界が狭く浅い世界であり、そこは「迷いの世界」「さかさま（顚倒《てんどう》）の世界」だということに気づいていないのです。「宗教は恐い」ということ、「道徳」があれば十分だという思い、それが私たちを縛っています。

第三章　信の巻

「いだかれて　いるとも知らず　愚かにも
我反抗す　大いなる御手《みて》に」(九条武子)

Ⅰ　二種深信ということ

一　二種深信——信心の内容

悪人正機の教えというのは、「他力廻向」という真実のはたらきによって私の実相《じっそう》が照らしだされて、私の真実相が明らかになる、自覚されるということです。その自覚の内容は、私たちの生き方が、自分では間違いない、他人からとやかく言われる生き方はしていないと思っていたが、その思いが実は身勝手な思い込みであったと知らされることです。端的に言えば、自分の悪人性、救いようのない愚かさが、自覚されることです。それを「悪人の自覚」といいます。教義の言葉では「機の深信」ということです。この「悪人の自覚」（救われるはずのない私であったという信知）は、自分（人間の理性の範囲内）では徹底することは不可能です。それを自覚されたのが親鸞聖人でした。

真実信心の内実を明らかにしてくださったのは、中国浄土教の大成者といわれる善導大師です。

深心といふは、即ちこれ深信の心なり。また二種あり。一つには、決定して深く、自身は現にこれ罪悪生死の凡夫、曠劫よりこのかた、つねに没し、つねに流転して、出離の縁あることなしと信ず。二つには、決定して深く、かの阿弥陀仏の四十八願は衆生を摂受して、疑いなく、慮《おもんばか》りなく、かの願力に乗じて、さだめて往生を得と信ず。

（『観経疏』散善義・註釈版聖典二一七頁・真宗聖典二一五頁）

この文は、一般に「二種深信」釈といわれています。真実信心の内実は、一つは、この私は無限の過去から今に至るまで、迷いの世界を流転してきた、まさに救われない存在であるということが自覚されたこと、それを「機の深信」といいます。もう一つは、阿弥陀仏の願力は、この私を救うためにはたらいてくださっているので、浄土往生は間違いないということが自覚されたことです。それを「法の深信」といいます。端的に言えば、

①助からない私であったということの信知（機の深信）

②如来のはたらきは、その私を助けるためであったということの信知（法の深信）

ということです。この二つのことが私の上において同時に成り立つのが真実の信心です。どっちか一つでは真実の信心とはいわないのです。

二　「二種深信」についての従来の理解への疑問

この「二種深信」についての従来の理解では、①どうあがいてももがいても助からない私と信知する。そういう私だから、②如来が一方的にはたらいて（独用・ひとりばたらき）、私を助けてくださること、が間違いないと信知する。①助からない私、だから、②如来が一方的に助けてくださる。それで私たちは、その如来のお助けに「ただおまかせする」ことが「信心」だ、それが「他力の救い」だといわれてきました。このように理解されることが多いと思います。

私はこういう理解に少し疑問を持っています。一つは、「①助からない私、だから」という「私（人間・衆生）」の捉え方です、「助からない私」ということが、当たり前のごとく前提されているということです。実は、私たちにとって、人間理性では、「助からない私」ということが最も受け取れない、理解できないことであるからです。だから生死に迷っているのでしょう。それが、当然のごとく受け取られていると前提されている点に疑問を感じるのです。

如来さんがそう言われているではないかと反論されそうですが、如来さんがまず、理解できないのです。それをあたかも当然じゃないか、そんなこと言ったら、仏教なんて語れないと言われるかも知れませんが、それは、少し説く側の傲慢ではないかと思います、如来はそんなに傲慢ではありません。わからない私たちのところまで下りてきてくださって、真実の法を説いてくださっているのです。

したがって、次に問題なのは、①と②の間に論理的前後があることです。「二種深信」というのは、「二種一具」といわれますように、「機法二種の深信」が私の上に同時に成り立つということです。そこに時間的前後も論理的前後もありません。「〜、だから〜」という理解の仕方は、「機」と「法」とが別々になっています。「二種一具」とは言えません。もう一つは、②の如来の救いについてです。如来はどうやって私たちを救われるのか、はっきりしません。そんなことはない、チャント救いの方法も用意されているではないかと、また反論されそうです。「念仏すれば助ける」と。これは「念仏する」ことが救いの条件になっています。如来の独りばたらきの、無条件の一方的救いだと、あるいは「聴聞して、信心いただいたら助かる」、それが如来の誓いだと言いながらです。信心の内容を問題にしながら、信心を得ればということは自己撞着です。また「信心」というのは、如来の一方的救いが真実だと「信じること」だといわれるかもしれません。しかし、その場合は、「信じる」対象が自己の外に存在することになります。これは親鸞聖人の言われる信心ではありません。前に問題にした「信仰」と同じことです。もう一つ「如来は、救いは私にまかせなさい、と言われているのだから、一切をまかせることが信心です」と説かれることがあります。これはそう言われても「まかせられない自分」がいることを忘れています。また「まかせる」という行為は自力の分別が入っています。以上のような点に疑問があり、私の理解は、従来の一般的な理解と少し違います。

ここらは少し理屈っぽくなりますが、辛抱してください。読み流していただいて、あとで具体的な事例を取り上げますので、そこと対比しながら読んでいただければ幸いです。

三　二種深信の解釈――真実への目覚め

二種深信とは、言うまでもなく「信心」の内容です。「信心」とは、『歎異抄』にもあるように「如来よりたまわりたる」ものです。「機法二種の信心」いずれもです。したがって、「機の深信」である「助からない私」という自覚も「他力廻向」によって知らされる内容です。自分で自覚していることではありません。それは「他力廻向」としての「法」のはたらきです。「法」のはたらきには、一つは、私たちに「真実」なるものを知らせるはたらきがあります。もう一つは、「真実」を知らせることによって「人間」（私）の虚偽性を明らかにするはたらきです。如来は私たちに「南無阿弥陀仏」を通して「真実の世界」を知らせ、そのことを通して、私たちが如何に真実に背いた生き方をしているのかを自覚させるのです。そのことが私に自覚された内容が「二種深信」の内容です。

真実である法は、私たちに「真実に目覚めよ」と呼び掛けています。その呼び掛けは「南無阿弥陀仏」を通して私たちまで廻向されます。その目覚めは、直接的には「自己の真実相」に目覚めよということです。如来は、法のはたらきは、自分を知らないで、自分は間違いない、あるいは、地獄へ落ちるようなことはしていないと思っている私たちに、「真実の自分の相（すがた）」を明らかにされます。その如来のはたらきを通して、「ただ今のこの私は、おっしゃるとおり地獄落ちの助かるはずのない存在でありました」と「自力無功」であることを自覚させられることが、「機の深信」です。その「自力無功」の自覚は如来より与えられるものです。その「自力無功」と自覚した時、その自覚を通して、如来がこの私を救うために願い、はたらいてくださっていたということに気づかされるのです。その気づきを「法の深信」といいます。

はたらきは、すべて「法のはたらき」ですけれども、私の自覚の上においては、「機の深信」と「法の深信」とは同時に成り立つのです。それが、親鸞聖人がいただかれた「真実の信心」ということです。

四　信（＝自覚）による場の転換

すべて「法のはたらき」ですから、「信心」は「如来よりたまわりたるもの」といわれるのです。また「法のはたらき」ということは、如来の智慧のはたらきということですから、「信心は智慧」だといわれるのです。信心とは、仏さまの智慧をいただくことです。

仏さまの智慧をいただくことですから、その智慧のはたらきで、自分の「真実の相」が自覚されるのです。「いづれの行も及びがたき身」であり、「地獄へ落ちるしか仕方のない私」であり、「罪悪深重・煩悩熾盛の私」、「助かるはずのない私であった」と知らされるのです。それが「自分の本当の相」であったと、自我の場が破られて、自分の立つべき場を失うのです。それが「自力無功」の自覚、信心です。同時にそういう私が、いま、不思議にもいのちをいただいて生かされているという自覚をも頂戴するのです。その時はじめて、今まで生きていた世界が一変して、自分を生かしめている周りの世界が、自分のいのちの有り様を心底わからせてもらうのです。そういう信（＝自覚）の転換を「往生浄土」というのです。私はそれを「場の転換」と言っています。

「場の転換」とは、今まで自分が立っていた自分中心の世界、自我の場が、「南無阿弥陀仏」の名号のはたらきによって破られて、立脚地を失い「地獄へ落ちる私」を、そのまま抱き取って立たしめる「真実のいのちの大地」をいただくことです。その「真実のいのちの大地」を「浄土」あるいは「仏地」といいます。「場の転換」とは、狭い自我の場から広々とした「真実のいのちの大地」に、自分の生きる大地を転ずることです。煩悩を持ったまま「浄土」を自分の大地とするいのちに変わることです。それを「不断煩悩得涅槃《ふだんぼんのうとくねはん》」(煩悩を断ぜずして涅槃(さとりの境地)を得る)というのです。即ち、必ず浄土に生まれて仏になるという身をいただくのです。それを「正定聚不退転」の位に入るといいます。それが「救い」だと親鸞聖人は言われています。

五　二種深信の世界

この信心の二つの内容(機法二種の深信)は、教えのあらゆるところに現われています。例えば、「南無阿弥陀仏」は「南無」が①の機の深信、「阿弥陀仏」が②の法の深信を内容としています(九八頁参照)。また、親鸞聖人の主著『教行信証』の内容は、大きく分けると、真実五巻と「方便化身土《ほうべんけしんど》の巻」一巻とに分けられます。真実五巻は「法の真実」を明らかにされています。それに対して「方便化身土の巻」には「機の真実」が述べられています。この本で述べようとしている「他力廻向」の世界は「法のはたらき」です、それに対して「悪人正機」ということは、「法のはたらき」によって照らしだされた機の真実の世界です。また十八願文の世界も二種の真実の世界を表わしています。十八願文の前半、「至心信楽して、わが国に生ぜんと欲ひて、ないし十念せん。もし生ぜずば、正覚を取らじ」という菩薩の願いは、「法の真実」を表わしています。それに対して、「ただ五逆と正法を誹謗するをば除く」という「唯除の文」といわれる菩薩の誓いは「機」の側の問題です。実は、この文の中に「悪人正機」の願いが託されているのです。それについては改めて取り上げてみたいと思います。

少し理屈っぽくなりました。以下少し具体的事例を挙げて考えてみたいと思います。

六　自分が見えない

自分の言っていることとやっていることが矛盾していることに、私たちは意外と気がつかないのです。碁や将棋でも、実際に打っている人や指している人は、直前の手に意識が集中していて、本筋が見えないことがよくありますね。傍《そば》で見ている人の方がよく手が見えるので、「岡目八目」などといいますが。

素直な若嫁さん

名古屋でご活躍であった小桜秀謙師の本で紹介されていた出来事です。
先生のお寺の若夫婦は、日頃は非常に仲が良いそうです。老院の先生にも若坊守さんはよく尽くされていたということですが、ある夜、その若夫婦の部屋から、何か言い争うような声が聞こえてきた。聞くともなしに聞いていると、次のようなことで言い合っていたといいます。

「若院が若坊守さんに向かって、《お前は素直でない》と言っている。それに対して、若坊守は《いや、私は素直です》としきりに反論している。しかし、なかなか納得してもらえないので、《いや、私は素直です。だって、私のお母さんはいつも、私のことを、お前は素直な子ね、と言ってくれていた》《小学校の先生も、通知表にいつも、素直な子供ですと書いてくれた》《私の友達も、あんたは素直ね、とよく言ってくれた》と言って、自分の素直さを証明しようとやっきになっている。」

そういう口論が聞こえてきたというのです。
その時、ふと小桜先生、あることに気がつかれました。それは、若坊守さんは日頃はおそらく素直な人だろう。だからみんな「あなたは素直ね」と言われたのだろう。しかし、この場合はどうだろうか。もし本当に、若坊守さんが主張するように、自分が素直であれば、どういう態度を取ったら素直といえるだろうか、ということです。ご主人である若院から、「あんたは素直でない」と言われた時、「はい、そうでした、私は素直でありませんでした」と、頭を下げるのが素直な態度ではないだろうか。それを「いや私は素直です」と反論している姿は、実は言っている言葉の内容とは逆に「素直でない」ことを見事に証明しているのではないのか、と。

（小桜秀謙『自分を知ること』法藏館刊より、筆者要出）

「賢・善・精進」の立場

これは若坊守さんだけの問題ではないのです。私たちは誰でも同じような状況になればそうなるのです。特に自分が「賢《けん》・善《ぜん》・精進《しょうじん》」の立場に立っていると思っている時に、陥りやすい落し穴です。「賢・善・精進」の立場は世間的価値から見ればプラス価値ですから、私たちはそれに固執しがちです。そこに、善悪に固執する私たちの生き方があるのです。それを浄土真宗では「自力の執心《しゅうしん》」というのです。

私たちは、いつの間にかある種の固定観念、先入観に執《とら》われています。そのことに私たちはなかなか自分では気がつきません。執われの中にありますから。したがって、それに気づくには、気づかせてくださるものに出遇う以外にありません。自我を自己の立脚地としているかぎり、自我を生きている自分は見えません。自分の目では、自分の目を見ることができないように。自我を生きている自分を知るには、自我を超えた光に、真実の教えに出遇うことが必要です。その自我を超えた光が「南無阿弥陀仏」です。真実の教えが説かれたものが「お経」です。そこに自我を超えた光に出遇い、真実の自己を自覚した世界が説かれているのです。

頭が柔軟になることは、物事が如実に見える眼をいただくということです。固定観念で物事を見たり、考えたりした時に、「あるもの」に簡単にレッテルを貼って、それでそのもののすべてが正しくわかったかのごとく錯覚するのです。本当に如実にそのものを見ていないのです。自分の観念の中に画いたものを見ているにすぎないのです。

そこに私たちのものの見方、捉え方、考え方の問題があるということを教えるのが、真実の如来、仏様のはたらきです。「信心をいただく」というと、この柔軟心《にゅうなんしん》が身に具《そな》わるということが、『大無量寿経』に述べられています（註釈版聖典三七頁・真宗聖典三九頁）。実は自分が固定観念に執われているということに、自分ではなかなか気づけません。自分を超えた大きなはたらき、真実の光に出遇う必要があります。そのことを、親鸞聖人は『正信偈』に「光明名号顕因縁」とうたわれています。「信心をいただく」には、如来の真実の光と名号が必要だと。

七　仏法を聞くということ

「この事じゃったんじゃな、ごえんさん」

それはよおく仏法を聞くお爺《じい》さんでした。いつもお孫さんを連れて聞きに来ておられたのを思い出します。そしてよく「わしゃ、もう浄土真宗の御信心ほど有り難いものはないと思っている」と言っておられました。たとえば、丁度いろんな新しい宗教や、他の宗教が勧誘に来る時期だったんです。それで、御同行の中にも、ちょっとぐらぐらとそちらへ移りそうになる人も出てくるような時期が一時ありましたでしょう。その時期だったんです。

「わしゃもう親鸞聖人の教え一つ聞かしてもらって生きとるので、カンカンに信じとるで、絶対間違いない」と、いつもおっしゃっておられました。そして、孫を連れて法座にも来ておられました。

ところが、どうも気になる事がありました。「わしゃ大丈夫だけども、あそこのお婆ちゃんは、あんなに仏法聞いとるのに、ああだこうだ」と言われるんですね。それを言うことは、どういう事だろうなあ。「わしゃ大丈夫」なら、他人のことは言わんでもよいのにと思うのにですね。「わしゃ大丈夫だけども、あそこのは危ないぞ」と。私に警告を発しているような言い方なんですね。これはどうもおかしいなと思いながら、でも熱心に聞いておいでになる方だからと、思っておりました。

ところが、こんなことをお話するのは本当に辛いんですけれどもね。可愛がっていたお孫さんが、自分の目の前で、庭石を積んだトラックがバックしてくるのに轢《ひ》かれて即死したんです。ショックだったんだと思いますね。

そうしましたら、今まで「わしゃ大丈夫だけども、あそこのお婆ちゃんは危ないぞ」と言っていた、そのお爺さんがね、ガラッと変わってしまわれてね。

「お念仏なんて何の利益もない。孫一人の命も助けることができんじゃないか。わしの楽しみも奪ってしまったじゃないか。何が念仏が有り難いかい。何が御信心が有り難いかい。何が本願か。そんなもんはでたらめじゃ」と。

百八十度引っ繰り返ったんですね。皆に今度は、仏法の、念仏の悪口を言って歩くようになりました。困ったことだなと思いましたけれども、なにしろ、ある意味で頑なな方だったものですから、話し合いたいと思いながらも、なかなかそうスパッとできなかったんです。

そのお爺さんは、仏法の、念仏の悪口を言い触らして歩いていて、村の中で、いろんな所で、あっちぶつかり、こっちぶつかりしておったんですね。しかし、やっぱり、お孫さんを亡くしていたんですからね。それに対して、皆さん遠慮して、なかなかものを言いません。言いたい放題だったんですね。

ところが、えらいもんだと、私は思うのはですね、仏法聴聞というのは、昔から「毛穴から仏法は身につく」という言葉がありますけれども、そういうものかなあとつくづく思いましたね。そんなことがあってから、半年ぐらい経ってから、丁度私が寺へ帰っておりました時に、そのお爺さんが、私の寺へひょっとやって来られましてね、私の前に手を着いて、

「この事じゃったんじゃな、ごえんさん」

と一言、言われました。それだけ言って帰っていかれました。

「念仏も何も役に立たん。御利益も何もありゃせん」と言うて、孫の死を悲しんでおった、そのお爺さんが、「この事じゃったんじゃな、ごえんさん」と言われました。私は「この事じゃったんじゃな」という言い方も、いかにもそのお爺さんらしい言い方ですけれども。「この事じゃったんじゃな、ごえんさん」と、念を押すように、パンと言うて帰っていかれたことが、今でも私の耳に残っています。

本当に「この事じゃったんじゃな」。人生の一駒一駒の中で納得のいくような人生が、

本当に生きるという人生じゃないかと。

（広瀬杲先生講述『獲信に聞く』石川・明円寺刊、九七～一〇一頁）

《読みやすいように表現や「　」など少し谷川が手を加えた》

八　おじいさんの「廻心」——光に遇う

いま紹介したこの例話について、私の理解するところを述べておきたいと思います、実は、私の解釈を理解してもらうために、長い前置きを書かせてもらいました。

おじいさんが初めに信じていた世界はどういう信の世界だったのか。何故おじいさんの信心は引っ繰り返ったのか。また、おじいさんは何に気づかれたのか。その気づきで得られた世界はどんな世界なのか。そういう点について考えてみたいと思います。

おじいさんが初めに信じていた世界はどういう信の世界だったのかということですが、カンカンに何を信じておられたのでしょうか。仏法をよく聞かれたということですが、どういう聞き方だったのか、考えておく必要があると思います。

おじいさんは、おそらく仏法の教えの言葉を信じておられたのだと思います。「お念仏すれば、アミダ様が、この愚かな私を独りばたらきで助けてくださいます」という言葉を信じておられたのでしょう。「ただ念仏せよ」と言われるアミダの本願のはたらきが、私にどうはたらいてくるのかということは、問題にならなかったのでしょう。他力の信心というのはアミダ様が独りばたらきで救ってくださるから、「ただおまかせ」しておけばよい、という聞き方であったのだと思います。「アミダ様に一切おまかせすることが信心ですよ」と説かれる布教使の話を信じておられたのでしょう。もっと言えば、「アミダさんにおまかせしておれば間違いない」という自分の思いを、カンカンに「信じて」おられたのだと思います。「お念仏なんて何の利益もない。孫一人の命も助けることができんじゃないか」というような言葉にそれが表われています。今日の一般的な真宗の法話による信心理解の一つの型です。

それが間に合わない出来事が生じたのです。それが「お孫さんの死」でした。おじいさんが日頃信じていた世界が破綻したのです。「アミダさんにおまかせしておれば間違いない、いいようにしてくださる」という信の世界が崩壊したのです。おじいさんにしてみると、「こんなはずではなかったのに」、という思いが強かったのでしょう、だから、「お孫さんの死」を境に、おじいさんの仏法に対する態度が一変したのも当然だったと思います。「お念仏は何の役にも立たない」、「仏法聞いてもなんにもならない」と言わずにおれなかったのです。

実は、おじいさんの仏法の聞き方は、浄土真宗の教えを聞きながら、アミダ如来を向こう側において、自分が困ったときには助けてくださる仏様と信じておられたのでしょう。おそらく自分の生きている相（すがた）や場が問われることは一度もなかったのだと思います。

それが「お孫さんの死」によって引っ繰り返ったのです。おじいさんは「お孫さんの死」という現前の事実を、事実として受け取ることができなかったのです。それが、仏法の、念仏の悪口となったのだと思います。しかし、いくらおじいさんが、仏法の、念仏の悪口を言って回ろうと、「お孫さんの死」という現前の事実は変わることはなかった。当たり前のことですが、それが私たちにはなかなか素直に受け取れないのです。悪口言わずにおれない。何かの「たたり」や「さわり」にして、現前の事実から私たちは目を逸らそうとします。ごまかそうとするのです。

おじいさんは、長いこと迷いの淵をさまようことを通して、おそらく「お孫さんの声」を聞かれたのだと思います。「おじいちゃん、いのちの事実に立ってください」と。また「おじいちゃん、そのいのちの事実に暗い自分に気づいてください」と。そう呼び掛ける「お孫さんの声」が、現前のいのちの事実（＝孫の死）から目を逸らそうとして苦しんでいるおじいさんに聞こえてきたのです。その声に呼び覚まされて、「ああ、そうであった」、

「このこと一つを知れ」ということが如来さんの願いであったと、いただかれたのです。それが、おじいさんが広瀬先生の前に両手をついて言った「この事じゃったんじゃな、ごえんさん」という言葉になったのだと、私は思います。私の勝手な想像ですが、このように私には聞こえてきます。

「お孫さんの死」という現前の事実は、とてもつらい悲しい事件ではあったのですが、その「死」が、実はおじいさんにとって、「真実の光」となり、「念仏」となっておじいさんを照らしだしたのです、そのことを通して「いのちの事実」に目覚めたのです。「このこと一つ」と頭が下がった時、おじいさんの「信心」は本物になったんだと、私は思います。その事実を引き受けて（＝正受《しょうじゅ》して）はじめて、私たちは自分の足で立ち上がり、歩みだすことができる「真の独立者」となるのです。それが浄土真宗でいう「信心の行者」ということです。

光ニアウ　　浅田正作
光ニアウ　光ニアウ
コノ人ノ世ヲテラス
光ニアウト
ウマクイッテモ　オゴラナイ

アテガハズレテモ　クジケナイ
ホントノ自分ガ見エテクル（浅田正作『骨道を行く』法藏館刊より）

九　世間と出世間——誤解の原因の追求

本来、真実の宗教というものは、「人間の真実」「世界の真理」を私たちに明らかにするものです。そのために人間の思いを超えた世界・存在を説きます。人間の思いの範囲内では、真実の自己の姿を完全には見ることはできません。人間の思いを超えた世界・存在を、私たちは「絶対神」「如来」「仏」などと呼んできたのです。それは架空の存在ではありません。またよくいわれるような人間の意識が生み出したものでもありません。「真実そのもの」が具現化したもの、言語化されたものです。そのように人間理性を超えた世界を見失い、あるいは否定して、人間理性の範囲内で「人間存在」「世界の真実」が把握できると思っているところに、私たちの「仏教」（宗教）に対する誤解の根本原因があるのだと思います。実は、そういう私たちの「ものの捉え方・理解の仕方」が真実そのものの在り方に背いているということを教えてくれるものこそ、「真実の宗教（仏教）」なのです。

何故、私たちは仏教（宗教）を正しく理解し得ないのか。それは私たちの生きている世界、考えている世界にあると思います。私たちの生きている世界、考えている世界を、仏教では「世間」といいます。人間の思いが作り上げた世界です。私たちは、その世界がこの世のすべてだと考えています。そこは人間の思いが作り上げた世界ですから、絶対的な世界ではありません。人間の思い思いの都合で変わる世界です。いのちがバラバラの世界です。狭い世界です。人間知・分別《ふんべつ》知の世界です。自分だけを立てる世界ですから、他なる存在とは通じません。孤独の世界です。他なる存在は、自分を生かすために利用する存

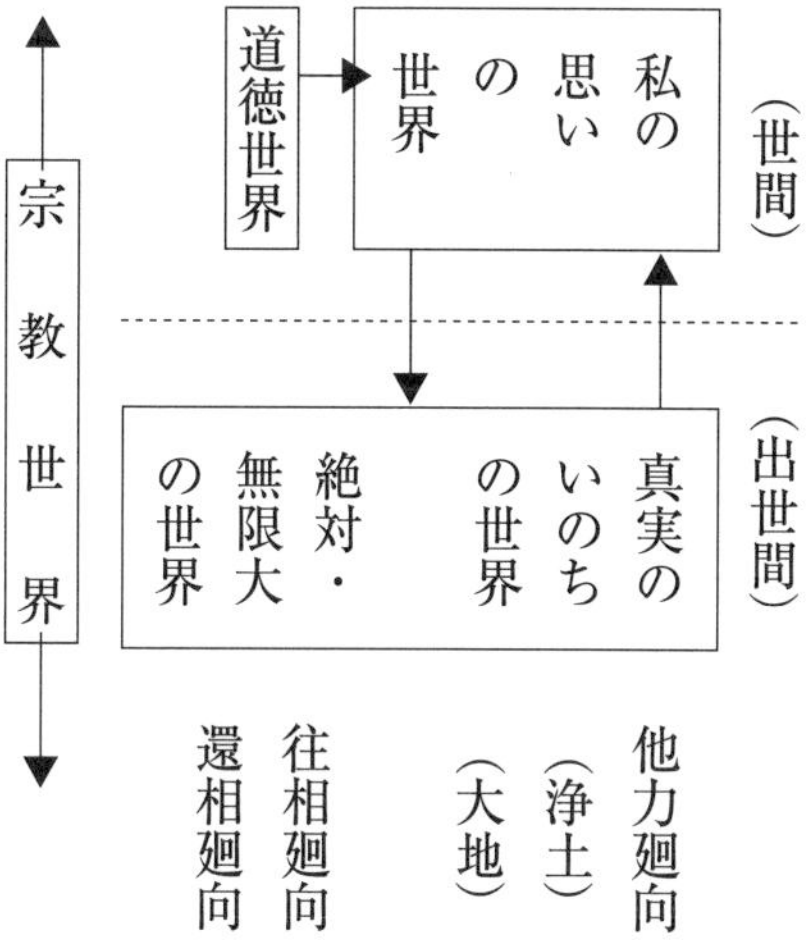

在にしかすぎません。

仏教はそういう生き方を「真実のいのちに背いた生き方」であり、「苦悩の生」だと教えます。狭い自分の殻の中に閉じこもったいのちになっているといいます。自我の殻でバリアを張ってその中で生きている姿です。「胎生《たいしょう》」の生、「牢獄《ろうごく》」の中です。今日、私たちは、ある意味で豊かなモノに囲まれて生きています。自分は結構な身分だと、昔の殿様みたいな生活をしていますが、その実は、牢獄の中です。「七宝の牢獄」の中の生活です。そのことに気づけないのが、私たちの生きている姿です。

そういう私たちに、私たちの思いの世界を超えて世界がある（＝出世間）ということを教えるものがあります。そして、その世界に目覚め、その世界を自己の立脚地として生きよと呼び掛けるものがあります。それが、私たちの思いを超えた世界、真実のいのちの世界からの呼び掛けです。その呼び掛け、はたらきかけを「他力廻向」といいます。

私たちの思いの世界を超えた世界は「絶対の世界」です。無限大の世界です。その世界を「真実のいのちの世界」ともいいます。真実そのものの世界です。そのような意味で、その世界を「出世間」の世界といいます。世間を超えた世界という意味です。仏教ではその世界を「仏国土」とか「浄土」といいます。また私たちのいのちを支える世界という意味で「根底の世界」「いのちの大地」ともいいます。

現代社会、あるいは現代を生きる私たちは、「私たちの思いの世界」だけがすべての世界であって、その他に世界があるとは思っていません。ドイツの哲学者ニーチェの「神は死んだ」という言葉に象徴されるように、人間の歴史が近代に入って、「人間中心」の世界を生きるようになってから、私たちは、私たちの思いを超える世界があることを見失いました。あるいは完全に無視してきました。人間の理性の範囲内の世界が実在であり、それ以外のものは、人間の頭で作りだした架空の世界、幻想の世界にすぎないと捨て去りました。いわゆる「世間」だけが私たちの生きる世界になったのです。非常に端的に言えば、「生」だけの世界を生きて、「死」を忘れ、遠ざけて生きられると思っています。現代社会を生きる私たちは、もっと強く生を謳歌し、死を、その生を謳歌している私の一切を奪う憎きものとして忌み嫌って、忘れ、隠し、遠ざけようとしています。

仏教は「生死《しょうじ》一如《いちにょ》」と教えます。生と死を分別して生きようとする生き方は「いのち」の半分しか生きていないというのが仏教の教えです。その生き方は薄っぺらな浅い生き方でしかありません。いただいた「いのち」を深く生きるということが、「真実のいのち」を生きるということです。

現代を生きる私たちは、「私たちの思いの世界」だけがすべての世界であると考えて、その中で仏教（宗教）も理解しようとします。だから、仏教（宗教）も人間の都合に合わせて理解されます。それが仏教を「現世利益」中心に理解し、また死後は、その扱いを専門の僧侶にまかせて、自分たちはできるだけ関わらないようにしようとします。そこに、「仏教」は、本来、苦悩する迷いの人間の救済という意味を持つということが忘れ去られて、ただ単に自分たちの欲望追求の手段としてしか理解されない、根本の原因があると思います。

実は、仏教というのは、そのような人生を生きている私たちの生き方が、「真実のいのち」に背いた生き方になっている、それが「迷いの生」であり、「苦悩の人生」であり、「永遠に苦しみの世界を流転する生なんだ」ということを教えてくれるものです。そして、そのような「苦悩の人生」「流転《るてん》の人生」を超えて生きる道がある（それを出世間《しゅっせけん》といいます）と、私たちにその道を明らかにしているものが真実の「仏教」です。

自分の生きている人生が「迷いの生」であり、「苦悩の人生」であると教えられて、私たちがその事実に目覚め、その自我の殻の中の狭い世界を破って、真実の世界へ、広い世界へ出ることを、「解脱」するといいます。浄土教では「往生」といいます。即ち迷いの世界を超えることです。「真実のいのちの世界」を自分の大地・立脚地として、苦悩のシャバ世界（世間）を生きることを「往生浄土の人生」といいます。それが真に「助かる」「救われる」ということです。

Ⅱ　悪人正機の教え

一　古狸の化けた普賢菩薩の話

鎌倉時代初期の説話集『宇治拾遺物語』の中に「猟師、仏を射る事」という話がありま す。大略、次のような話です。

「昔、京都の西北にある修験道の霊場である愛宕山で一人の聖《ひじり》が長年修行を積んでいた。その西の方に、その聖を尊敬している猟師が住んでいた。時々聖のところを訪れて食物などを差し上げていた。久しく無沙汰していたので、食物などを持って出かけた。聖は喜んで、「最近、まことに尊いことがある。長年修行を積んでいる験《しる》しか、毎晩普賢菩薩が象に乗ってお見えになる。お前も今晩泊まって拝みなさい」とおっしゃった。そこで、猟師は言われるままに、僧坊に泊り、聖の後ろで寝ずに待っていた。

夜半も過ぎたと思われる頃に、東の山の峰が明るくなり、その光が僧坊の中にも差し込んできて暗いお堂の中が明るくなった。見ると、普賢菩薩が象に乗ってゆっくりとおいでになり、聖の前にお立ちになられた。

聖は有り難さに泣きながら礼拝して、猟師に「どうだ、お前も拝見したか」という。猟師は「本当に尊いことです」と言いながら、ある不審を覚える。「聖は長年修行を積んでおられるから、その目に普賢菩薩がお見えになっても不思議ではない。しかし、私は日頃殺生ばかりをして生活していて、お経の向きの上下さえ分からない、仏道修行に縁の無い存在だ。その私にも見えるということは合点がいかない」と。そこで「これは一つ試してみよう。罰は当たるまい」と考えて、弓に矢をつがえて聖の頭越しにひょうと射た。すると菩薩の胸の辺りに当たったようで、一瞬に光が消え、大きな音を鳴り響かせて何かが逃げていく気配がする。聖はびっくりして、「お前、なんてことするんだ」とおろおろする。猟師は冷静に聖に向かって「あなた様に拝見できるのはもっともですが、私のような罪深いものにも見えるのは、おかしいと思って試しに射てみたんです。本当の仏様ならば、矢は立たないはずです。当たったところをみると、あれは怪しいものです」と言った。

夜が明けて、血の跡を尋ねて行って見ると、一キロほど先の谷底に、大きな古狸が矢に胸を射られて死んでいたのが見つかった。」

（『宇治拾遺物語』巻八―六、小学館「新編日本古典文学全集」50・現代語訳抄出）

説話は、終わりに「聖は無知であるから、化かされたが、猟師は思慮が深かったので狸の化けの皮をはいだのである」と結んでいます。聖が「無知」であったということは、何が無知であったのか。猟師が思慮が深かったということは、どういうことか、そのことをもう少し考えてみたいと思います。

聖はなぜ古狸の化けた普賢菩薩を本物と見まちがえたのか。また逆に猟師はなぜ偽物の普賢菩薩と見破ったのか。このことを仏法、特に親鸞聖人の教え、浄土真宗の教義を通して考えてみたいと思います。このお話は『歎異抄』第三章の「悪人正機の教え」を理解するのに大事なことを教えてくれているように思います。

二　「善人なをもて往生をとぐ、いはんや悪人をや」

『歎異抄』の第三章は、「悪人正機の教え」といわれています。親鸞聖人の教えの根本であるとして、中学や、高校の社会科の教科書によく紹介されています。最近では「悪人正機」を表わす言葉は、元は親鸞聖人の言葉ではなく師匠の法然上人の言葉であるという研究も発表されています。史実はそうかも知れませんが、それを自分の教えの中心に置いたのは、法然上人ではなく、親鸞聖人でした。その意味で、「悪人正機の教え」は親鸞聖人の教えであると言っても差し支えないと私は思います（註）。ただその教えの内容については、一般の私たちの常識とは逆の教えになっていますので、それを正しく理解することは非常に難しいことです。

「悪人正機の教え」では、悪人往生を端的に次のように表現されています。

「善人なをもって往生をとぐ、いはんや悪人をや。しかるを世の人つねにいはく、悪人なほ往生す、いかにいはんや善人をや。」（註釈版聖典八三三頁・真宗聖典六二七頁）

（善人と言われる人でさえ浄土に往生することができる。だからましてや悪人は往生間違いなし。ところが、世間の人は、悪人でも往生できるのだから、ましてや当然、善人は往生できるに決まっているという。）

世間の常識からすれば、善人が浄土に一番近いところにいる人であり、逆に悪人は浄土から最も遠いところ、もっと言えば地獄落ちの方が間違いない人なのだと思っています。それを悪人が浄土往生に一番近いところにいる人であり、善人はその後だと言われると、なんだか狐に化かされたような気になると思います。しかし、親鸞聖人は世間の人の常識を明確に否定されています。その理由を親鸞聖人は以下に述べられています。詳《くわ》しく述べてもややこしくなりますので、ここでは簡単に説明したいと思います。

親鸞聖人は、ここでいう「善人」とは、「自力作善の人」のことだと言われます。「自力作善の人」というのは、自分の力に自信があり、それで努力さえすれば善いことをすることが可能であり、悪いことはしないと思い込んでいる人のことです。これは特別な人のことではありません。私たちの普通に生きている姿です。それを少し仏教的に強く言えば、自己中心的で、自惚れが強く、自信過剰な人ということです。つまり私たちの毎日の姿です。私たちは自分を「善人」だと思っています。完全な善人だと思っている人はいないでしょうが、少なくとも自分は「悪人」だとは思っていません。だから『歎異抄』第三章の「悪人正機の教え」の言葉は受け入れがたいのです。

それに対して「悪人」というのは、親鸞聖人の言葉によれば、「煩悩具足のわれら、いづれの行にても生死をはなるることあるべからざる」人のことをいいます。

「生まれた時から、煩悩という自己中心の思いを持ち続けている存在、それが私たちでありますから、どのような仏道修行を行なっても、迷いの世界を解脱して悟りの世界へは往くことはできない」人のことです。端的に言えば、「永遠に救われない存在」「助からない私」ということです。

このように見てくると、やっぱり「善人」が浄土に近く、「悪人」は「救われない存在」ですから、世間の常識のように考えるのが正しいように思えます。しかし、親鸞聖人は世間の常識とは別の基準を提起されます。それが「弥陀の本願」ということです。この「弥陀の本願」に照らせば、「善人」と「悪人」とは、その立場が逆転すると言われます。

「弥陀の本願」は「悪人成仏」のための本願であり、「善人」の生き方は「弥陀の本願他力」のお心にはずれている、合致していない。だからそういう「善人」といわれる人さえ往生できるのだから、ましてなおさら、弥陀の本願を信じ、他力の救いをたのむ「悪人」が浄土に往生することは言うまでもないことです、と念を押されています。

ところで、「弥陀の本願」に適《かな》うということは、どういうことでしょうか。それは「善人」の生き方は、自信過剰のゆえに「ひとへに他力をたのむこころが欠けている」から、「弥陀の本願」に背いた生き方になっている、即ち「真実のいのち」に背いた生き方になっているということです。だから、その心が引っ繰り返されて「弥陀の本願」に帰依する生き方にならなければ、真実の浄土に往生できないと言われます。逆に「悪人」の方は、「永遠に救われない存在」「助からない私」という自覚がありますから、最初から、「ただ念仏申せ」という「弥陀の本願」に帰依する生き方になっている。それ故、「悪人」の方が浄土往生は間違いないのだと言われるのです。

三　善悪の基準

『歎異抄』第三章の「善人」「悪人」の区別を理解するために、この「善悪」についていろいろの解釈がなされています。一般に次の三点から論じられます。

①法律上の「善悪」

国家、社会、そこに生存する国民の生命・生活・財産・組織などの保全・維持のために、国家を中心とした権力組織が定めた規律＝違反すると処罰される。守るのが「善」、違反するのは「悪」。国家・自治体と個人（法人）との関係。

②道徳上の「善悪」

共同体社会（世間）を円滑に維持していくための集団の規律。対人関係から、家族、諸組織における関係に及ぶ。違反しても権力機構による処罰はないが、共同体の中では信用を無くし、疎外される。守るのが「善」、違反するのは「悪」。主として、人と人との関係。

③宗教上の「善悪」

人間理性を超えた「絶対真実」（神・仏）を基準として、その「真実」に適《かな》う生き方（善）か、「真実」に背いた生き方（悪）かを問題にする。自己自身の深い自覚の世界での

「善悪」。出世間の基準。「仏・神」(絶対真実・絶対善)と私との関係。

『歎異抄』第三章の「善人」「悪人」は、①や②の法律上、道徳上の「善悪」ではなく、③宗教上の「善悪」、宗教的深い自覚に立った「善悪」ということだといわれます。

そこには、「世間的生き方」である①や②の立場と、③の「出世間」の立場の違いということがあります。①から②そして③へといくにしたがって、人間的な自覚の深まりが見られます。

ただ、一般に③宗教上の「善悪」は、宗教的深い自覚に立った「善悪」だということがいわれますが、何を基準にした「善悪」かということは、どうも明確には説かれていません。したがって、どうして宗教的深い自覚に立てば、「善人」と「悪人」の世間的な意味での立場が引っ繰り返るのか不明です。弥陀の本願の約束がそうなっているとは説かれますが、何故「悪人」が弥陀の救いの正機であるかということはよくわかりません。

『歎異抄』第三章の言葉で言えば、「自力」で善を積み、仏道修行して、助かろうと思っている人、「自力作善」の人が「善人」であり、そういう人が弥陀のお救いに遠いのは、「他力をたのむ心が欠けているからだ」といわれる。それに対して、「どのような仏道修行もできない人、即ち悪人といわれる人は、ただ他力をたのむ以外に生きようがないから」、弥陀の本願のお救いに適うのだといわれます。

また一般的に、ご法話で説かれるのは、「どうあがいても、もがいても助からない私と見抜いての本願だから」、「この私を悪人と見抜いての本願だから」、弥陀はこの悪人の私を正機として、「われにまかせよ、救ってやる」とはたらいてくださっているから、ただおまかせするのが「信心」です。そういうことが「悪人正機の教え」だといわれます。

自分で助かる人はほうっておいてもいいけど、どうにも助からない人はほうっておけなくて、阿弥陀如来は本願を起こしてくださったのだから、ただ「はい」といただくばかりです。それが「信心」です、と。そうかもしれませんが、疑ぐり深いのかもしれませんが、私にはもう一つ納得がいかないのです。疑問の根本は、どうして宗教的深い自覚に立てば、「善人」と「悪人」の世間的な意味での立場が引っ繰り返るのかということです。

四　宗教上の「善悪」における判断の基準――「真実の自己」

そこで、私なりに、宗教上において「善悪」を判断する基準は何かないかということを考えてみました。そうすると、すでに考えてくださった先生がおいでになりました。元相愛大学の学長で、京都の中央仏教学院の院長もなさった中西智海先生です。先生は『歎異抄』第三章の「善人・悪人」を分ける基準は、「仏になるということ」だとお示しくださっていました（『親鸞教学入門』永田文昌堂刊）。浄土教的に言えば、「浄土に往生する」という基準に立てば、自力作善の道は「難行道」であり、浄土は永遠に遠い。逆に自力修行のできない人が歩む「他力念仏の道」は弥陀の本願を信じる一つで往生がかなうので「易行道」といわれる、ということです。

ただ、それだけでは、「仏になるという」基準だけでは、「善人・悪人」を分ける基準にはなっても、「悪人」こそ正機という意味がもう一つはっきりしません。そこで、中西先生も指摘されているように、「真実」ということがないと第三章の「悪人正機」説を理解するには不十分だと思います。

「真実」、あるいはもっと正確に言えば「真実の自覚」の問題、即ち、親鸞聖人が言われるところの「真実の信心」だと思います。これ無くしては、「悪人正機」説を正確に理解することはできないと思います。

親鸞聖人は「如来よりたまわりたる信心」というものは、「二種深信」だと言われます。即ち「法の深信」と「機の深信」です。「悪人正機」説は、この「信心」を明らかにする教えであると私は思います。

「機の深信」とは、「悪人」の自覚ということです。自分の真実の相に気づかされたということです。「煩悩具足のわれらは、いづれの行にても、生死を離るることあるべからず」という自覚、「どうあがいても、もがいても助からない私」という自覚は、自分の中からは出てこないのです。私たちはどこかで自分の力を信じ、たのんでいます。完全にお手上げというわけにはいきません。そういう「自力のこころ」を離れることのできない私たちの相が「罪悪深重・煩悩具足の凡夫」ということです。

そして、そういう自覚を私に与えるものが「真実のいのちの願い」、「弥陀の本願」です。そういうはたらきがあったと自覚されることが「法の深信」です。そこに「真実」に出遇ったという世界があります。同時に、それは、私に「真実を知れ」という呼び掛けとしてはたらいていたのです。その願い、呼び掛けが私に到り届いたことが「信心」です。だから「信心」がいただけたということは「真実の我が身が知れた」ということです。「永遠に助からない私であった」ということ、「地獄一定の私」「悪人の私」という自覚です。それが私の真実です。そこに「真実の法」に遇い得た喜びもいただくのです。

「悪人」とは、如来によって自覚された私の真の相のことです。逆に言えば、「善人」は、自分の思いの世界だけを真実と考えて、自分の真実相に自覚のない人ということです。自分を超えた世界、はたらき（＝それが真実・如来）があることを知らない人。だから自分で善を積むことしか生きる道を知らない人です。

「悪人」が救われるというのは、「真実」のいのちに出遇ったからです。真実のいのちに目覚めたこと、自分の真実に目覚めたことが「信心獲得」であり、「救い」です。だから「悪人」が「正機」と言われるのです。「善人」は、自分が「真実のいのち」に背いていることに気がついていない人です。だから「救い」から遠いのです。しかし、その自力作善の人でも、「真実のいのちの願い」に目覚めればすぐに往生は可能であるというのが、『歎異抄』第三章の「悪人正機の教え」です。

『歎異抄』第三章の「善悪」を判別する宗教上の基準は「真実」であり、その「真実の自覚」（＝真実の信心）の有無ということです。

そういうことで、前に上げた「善悪」の三つの分別の③宗教上の「善悪」については、私なりの理解を述べたわけです。

＊註　この原稿を書き上げたあとで、大阪大学教授の平雅行先生の『親鸞とその時代』（法藏館刊）という本を読みました。そこに親鸞聖人のいわゆる「悪人正機説」についての先生の詳しい解釈が出ていました。先生は親鸞聖人の思想の発揮は「悪人正因説」というべきものである、と述べられて、「悪人正機説」との違いを詳述されていました。私も賛同するところがありますが、ここでは従来の一般的表現をそのまま使用したいと思います。親鸞聖人の『歎異抄』第三章の「善人なをもて往生をとぐ、いわんや悪人おや」の文の解釈については、ほとんど同じと言えるところもありました。細かい点ではいろいろ論じたい点がありますが、それは、松本史朗先生、末木文美士先生や山

折哲雄先生の親鸞聖人のいわゆる「悪人正機説」への論述などとともに、機会があれば別稿に述べたいと思います。

五　古狸の化けた普賢菩薩の話の解釈

ところで、宿題になっている「古狸の化けた普賢菩薩」の話の中の問題です。なぜ長年修行していた「聖」は「古狸の化けた普賢菩薩」にだまされたのか、また、猟師は、なぜ見破ったのか、ということです。いままで、長々と『歎異抄』第三章の「悪人正機の教え」を取り上げて考えてきたのは、この問題を考えるためでした。この説話の結びのように、だまされたのは、「聖が無知であったから」であり、「猟師は賢かったから」である、というのでは、なぜそう言えるのかがはっきりしません。世間的評価では、「聖」の方が賢者であり、猟師の方が「愚か者」であると考えるのが普通であると思います、話としては、逆だからおもしろいということで取り上げられたのでしょうが、ことはそれほど簡単ではないと思います。

「聖」は何に対して無知であったのか、ということであり、「猟師」はどういう点で賢かったかということです。

「聖」は『歎異抄』第三章の言葉で言えば、「自力作善のこころ」があったということです。それが真実を見る眼を曇らせたのです。長い間、一人愛宕山のお堂に籠り、仏道修行をしてきたという「おごりの心」があったのです。そういう自分だから、そのご褒美、報いとして、白象に乗った光り輝く普賢菩薩が目の前に姿を現わしてくださることもあっていいだろうという思いがあったのです。その思いにまんまとだまされたのです。自分に対する買い被りです。正しく自分を見ていないのです。「我が身知らず」です。自分がどこにいるのかということが不明です。自分自身の真実の相に無知であったのです。

それに対して、猟師の方は、自分の位置付けが正確です。自分は日頃野山の生きものを殺している、仏道の教えにある、殺生の罪を犯して生きている、本来救われない存在である。また仏の教えさえまともにいただいたこともない、そういう自覚があったのです。自分の罪深さ、愚かさを自覚している。それだから、自分のような愚か者には尊い菩薩様などめったに拝めるはずがないと気づいたのです。その見えるはずがない自分の眼に菩薩様が見えるとは、これはおかしいと考えたのです。自分の生きている真実の相（すがた）が「地獄一定の存在」であり、「救われようのない悪人」であるという自覚があったのです。それが偽物を見破る智慧としてはたらいたのです。そういう智慧は、実は猟師が日頃「聖」のところへ出かけ、「聖の話」を通して真実の教えに遇っていたからだとも言えると思います。

この説話は、「自力作善のこころ」で生きるということは「真実」に背いた生き方であり、迷いの道でしかない。それに対して、自分の真実の相を、正しく、愚か者、悪人と自覚していく生き方は、「真実」に目覚めた生き方、「南無」すること、頭の下がった生き方であり、それこそが出家・在家を問わず大事なことだということを教えていると思います。

我が身の有様を問うことなく、ご利益信仰や、奇瑞・奇蹟を有り難がる信心のあり方を、親鸞聖人は「罪福信《ざいふくしん》」であるといって、真実の信心ではないとおっしゃっています。しかし、現代はそういう信仰が幅をきかせています。自分の思いの先に救いを期待するのは、迷いを深めるだけです。そういう自分の有り様が明確に知らされること、知らせてくださる自分の思いを超えた真実に出会うことが大事なことでしょう。蓮如上人は、そのことこそ「後生の一大事」であると教えてくださいました。

Ⅲ　浄土真宗における「罪」ということ——人間のいのちの事実

一　「罪」という言葉

「罪」という言葉は、一般的には「道徳（宗教・法律）上、してはならない行い。また、その行為に対する処罰」（『新明解国語辞典』第三版）のことをいいます。私たちが生きていく上でいろんな約束事（道徳・法律・宗教《戒律》上の）がありますが、その約束事に違反することが「罪」ということです。

普通、私たちは、その約束事を守って生きています。自分ではそう思っています。だから、自分は罪など犯したことがないと信じています。世間の世界では、その通りだろうと思います。

それなのに、浄土真宗では、私たちをなぜ「罪な存在」というのでしょうか。「浄土真宗のご法話では、自分たちのことを、罪悪深重のもの、底下の凡夫や、悪人だとか、罪人《つみびと》など、言われるから嫌いだ」と言われる方もあるようです。自分は罪なんか犯したことがない、自分は法律や、倫理道徳に反するような行ないをしたつもりはない。それなのに、そんなことを言われるのは心外だ、ということでしょう。もっともだと思います。しかし、親鸞聖人や蓮如上人が、私たちを「罪な存在」と言われるのは、そのような法律や倫理道徳に違反した人だけのことでしょうか。当然、そのような人も「罪な存在」に入りますが、どうもそれだけではないように思います。

親鸞聖人の言われる罪には、例えば以下のような表現があります。

「誹謗正法の罪、極重なるを以ての故なり」（「信巻」・註釈版聖典二九七頁・真宗聖典二七三頁）

「謗正法の人は、其の罪最重なり」（「信巻」・註釈版聖典二九八頁・真宗聖典二七三頁）

「仏智疑惑のつみにより」（「正像末和讃」・註釈版聖典六一一頁・真宗聖典五〇五頁）

「仏智うたがふつみふかし」（「正像末和讃」・註釈版聖典六一四頁・真宗聖典五〇七頁）

「不可思議の誓願、疑惑する罪によりて」（『浄土三経往生文類』・註釈版聖典六三五頁・真宗聖典四七四頁）

「五逆のつみのおもきほどを」（『唯信抄文意』・註釈版聖典七一六頁・真宗聖典五五九頁）

親鸞聖人は、仏法（真実の教＝正法）を謗《そし》ること、悪口を言うこと、つまり信じないことが「罪」だと言われます。また、仏様の「真実の智慧」、阿弥陀如来の「誓願」を疑うこと、これも信じていないことですが、それも「罪」だと言われます。「他力をうたがふ」ことも「罪」だと言われます。私たちはそういうことが「罪」になるなど、普段考えてもいません。「自覚」がないのです。

二　無自覚の「罪」

実は、この「自覚」ということが、仏教の一番問題にするところです。「法律」や「倫理道徳」に違反した場合、普通、間違ったことをしたという「自覚」が起こります。したがって自然と申し訳ないという気持ちになります。しかし、この「自覚」が無いと、「悪いことをしてもいないのに、なんで自分が謝らなければいけないのか」ということになります。頭が下がりません。最近の、少年による凶悪な犯罪や、政治家や経済界・官僚における諸問題の根っこは、自分たちがやったことがとんでもないことであったという「自覚」が欠けているところにあるように思います。

仏法（真実の宗教）は、普段私たちの意識に上りませんが、しかし、私たちが生きていることが、そのまま「真実のいのち」の有り様に背いている、そのことが実は「罪な生き方」である、ということを気づかせるものです。仏法を信じない、自分は無宗教だと息巻いている人は、すでに真実に背いた「罪な生き方」をしているということです。しかし、本人はその「自覚」がありません。その「自覚の無さ」を、仏法では、特に浄土真宗では、「罪」だというのです。

なぜ「自覚が無い」のかというと、自分の「思いの世界」だけを生きているからです。その自分の思いを超えて世界があるということを知らないからです。その思いを超えた世界を「仏の世界」「彼岸」「浄土」「他力の世界」というのです。「真実のいのち」の世界です。「いのちの大地」です。その世界に気づこうと気づくまいと、私たちはその世界に支えられて生きているのです。その世界に気づくことが「信」（＝仏の智慧をいただく）ということであり、気づかないで自分の世界だけを生きていることが「罪な生き方」「迷いの人生」といわれるのです。

仏法は「自己の真実のいのちの有り様に気づけ」と呼び掛け、教えているものです。そのことの「自己のいのちの事実」に無自覚であることが「罪」なのだといわれます。蓮如上人が『御文章《ごぶんしょう》』（『御文《おふみ》』）の中で、「男子も女人も罪のふかからんともがらは」とか、「罪業は深重なりとも」「機をいへば、十悪五逆の罪人なりとも」「わが身はいかなる罪業ふかくとも」

などと、私たちのことを言われるのは、自分が罪な存在であることに「無自覚な私」に「本当の自分の相（すがた）」を気づかせようとされているのです。

三　罪悪深重の私

念仏詩人、榎本栄一さんの「罪悪深重」という詩です。

罪悪深重
私は今日まで
海の
大地の
無数の生きものを
食べてきた
私の罪の深さ、
底知れず　（榎本栄一『煩悩林』難波別院刊より）

私たちが、当たり前にしている毎日の食事も、実は「お米」の、「野菜」の、「魚」の、「牛」や「豚」や「鶏」の「いのち」を食べているのです。それは許しを得て食べているのではありません。そうせずには生きていけないがゆえに、他の生きものの「いのち」を奪って食べているのです。私たちは普通、直接的には他の生きものの「いのち」を奪ってはいません。お店で買う品物はきれいに包装されています。他の生きものの「いのち」を奪っているなんて感じることはありません。しかし、現に、どう弁解しようと他の生きものの「いのち」を食べているのです。榎本さんが詠《うた》われるように、「私の罪の深さ底知れず」です。私たちは少なくともそのことを自覚し、懺悔の心をもって「いただきます」と、手を合わせ、頭を下げたいものです。それがせめてもの、私の生命と成ってくれたものへの私たちがなしうる懺悔と感謝のお礼だと思います。

夭折の詩人、金子みすゞの「大漁《たいりよう》」です。

大漁

朝やけ小やけだ
大漁だ
大ばいわしの
大漁だ
はまは祭りの
ようだけど

海の中では
何万の
いわしのとむらい
するだろう（『金子みすゞ童謡集　わたしと小鳥とすずと』より）

人間の世界、自分の都合だけしか見えないときには、それを超えた世界は見えません。いわしが大漁であることは漁師さんにとっては大変ありがたいことです。漁師さんだけでなく、その家族、さらにその魚を買って食べる私たち人間にとっては大変ありがたいことです。しかし、それは人間を中心に置いた世界の話です。私たち人間は、実は人間だけでは生きていけないのです。この地球という自然の生態系の中で生かされて生きているのです。無数の生きものと共に生きているのです。共生のいのちの世界です。そのいのちの事実を忘れて生きているのが、現代の私たちではないでしょうか。

金子みすゞは、そういう私たちの生き方を静かに見つめています。人間の身勝手な生き方と、そのような生き方をしている私たちが見失った世界とをです。そして、静かに私たちが見失った世界を詩に詠《うた》います。私たちに見えない海の中のさかなたちの悲しみを。そこに「いのち」に対する深い共感の世界があります。すべての生きもののいのちが繋がり合っている深い世界です。私たちはその世界を見失いました。いやむしろ、不要なものとして捨ててきました。無自覚に生きてきました。それが幸せになる道だと考えてです。その生き方が、仏様の眼から見たら「罪な生き方」であるといわれるのです。

金子みすゞの詩が静かなブームを呼んでいるようです。忘れかけた温かい心、豊かな心を取り戻したいという人びとの、心の奥底からの願いなのかもしれません。

四　地獄変

現代人の私たちが如何に身勝手な生き方をしているかを、ユーモアを交えながら痛烈に教えてくださっている、念仏医師米沢英雄先生の文章を紹介します。

「地獄変」　米沢英雄

シジミ　石垣りん

夜中に目をさました
ゆうべ買ったシジミたちが
台所のすみで
口をあけて生きていた
「夜が明けたら

ドレモコレモ
ミンナクッテヤル」
鬼ババの笑いを
私は笑った
それから先は
うっすら口をあけて
寝るよりほかに私の夜はなかった

口を開けて寝ているザマなんか、シジミとあんまりかわらんじゃないか。安達ヶ原の鬼婆は旅人を食ったそうだが、現代の鬼婆はスケールが小さくなってシジミしか食べられんのかな。ヘビがカエルをのむのを見ると、ヘビって残酷だと思うだろ。だが、人間はもっと残酷かも知れないぞ。何でものむんだから。シジミだけじゃない。牛から鯨から、馬から鶏から、豚からマグロから、大根からキャベツから、みんな食っちまうんだから。

米なんか、人間が食べるために作っているにちがいないが、米自身は、人間に食べられようと思って大きくなっているんじゃなかろうなァ。あれ、米をだましているのとちがうか。

そうだ、生きものはすべて、他の生きものの命をとらなくては生きていけないんだ。子どものころ見た、地獄の絵はこわかったなァ。亡者がカマゆでにされたり、血の池地獄に落とされたり、針の山へ追い上げられたり。だがあの図は鬼の所行じゃなくて、生きている私たち人間が毎日何気なくやっていることじゃないかな。

お米や、野菜を毎日カマゆでにしてるじゃないか。ゆでられる身になったらかなわんぜ。血の池地獄ってのも、血のしたたるようなビフテキを喜んで食ってるじゃないか。針の山はおろしがねだ。おろされる大根の身になったら、これまたかなわんぜ。赤鬼青鬼ってえのは地獄におるんじゃなくて、この人間世界に、背広を着たり、ワンピース着たり、振袖着ておめかしして、うろつき回っているんだなァ。

だが、誰も自分が地獄の鬼だ、とは思っていない。文化人だとうぬぼれて、鼻うごめかしているではないか。食事の前に手を合わせて、「いただきます」というのは、私たちに命をくれて、私たちの命と一つになってくれるものに対する、せめてもの礼節であろう。

（米沢英雄『こころの詩』東京新聞出版局刊より）

私たちはどういう文化的な生き方をしようと、根本的には自分自身の「いのち」を維持するために、他の生きものの「いのち」を奪わなければ生きられません。どんなに文化的なカムフラージュを施そうとも避けることのできない「いのち」の事実です。その「いのち」の事実を人間の思いでもって、弱肉強食は生物界のルールだからと、当たり前にして平気であると思うことは「いのち」の有様に無自覚であることです。人間のおごりです。人間の自己中心的な生き方、それを善とする人間の思い上りが、実は「罪」なのです。そのことに気づくか気づかないか、そのことを自覚するか無自覚かということが、仏教における「真実か虚偽」と「善か悪か」を分けるのです。

五　悪人の自覚こそ真実

『歎異抄』の有名な第三章の言葉、「善人なをもて往生をとぐ、いはんや悪人をや」ということも、それを解釈するキーワードは、自己のいのちの有り様に対する「自覚の有無」の問題です。

自分はチャント生きている、間違った生き方はしていないと思っている人が「善人」です。なぜなら、自己のいのちの真実の有り様が「他の生きもののいのちを奪わなければ生きられない」という事実に無自覚であるからです。真実のいのちに背いているということに気づいていないから、悪いこと、罪作りなことはやっていないと思うのです。その身勝手な思いを「分別意識」（はからい）といいます。「いのちの事実」を自分の思いでねじ曲げていることに気がつかないのです。それを「無明」（無知）といいます。真実に暗いということです。それを仏教では「罪」といいます。

逆に自己のいのちの真実の有り様が「他の生きもののいのちを奪わなければ生きられない」という事実に目覚めた人が「悪人」といわれる人です、自己の悪人性に気づいた人です。「私は悪人でした。罪な人間でした」と頭の下がった人です。どのような生き方をしようとも罪を作らずには生きていけない私、「いづれの行もおよびがたき身」、「地獄は一定すみかの私」と、自己のいのちの事実に目覚めた人です。それは同時に「いのちの真実」に目覚めたということです。私の「いのちの真実」は「罪悪深重の存在」ということです。その真実に目覚めた人だから、実は浄土に一番近いのです。往生が一番早いのです。「真実」に適《かな》っているからです。

「機の真実」への目覚めです。それは同時に「法の真実」への目覚めでもあるのです。自己の真実の相を知ることは、自分の力だけではできないからです。闇は自分で闇を破ることはできません。闇は光によって破られます。闇の中に光はありません。闇を超えた世界（他力）から照らされて、はじめて自分が闇の中であったと気づかされるのです。そのようなはたらきが「真実」から、私を超えた世界から私に届けられるのが「法のはたらき」

です。その「真実なる法のはたらき」によって私の真実の相が知らされるのです。それが親鸞聖人の言われる「真実の信心」ということです。

親鸞聖人は、「信心とは智慧」だと言われます。智慧とは如来の智慧、仏の智慧です。その智慧をいただいて「自己の悪人性、罪悪性」に目覚めた人が、自己を「悪人」と自覚するのです。自分を「善人」という人は、「自己の悪人性、罪悪性」に気づくことのできない人、自覚のない人のことです。自己を本当に見ることのできない人です。自分の力で自分を見ようとしているからです。その思いが分別です。はからいです。そういう人にも、如来は見捨てることなく十九願・二十願の願いを起こし、救おうとはたらいてくださっているのです、「悲願《ひがん》、既《すで》にまします」世界が与えられています。如来により、その自我の思い、はからいが無功であると気づかされた時、自我の思いが破れ、真実の智慧がはたらいてくださるのです。その時、善人といわれる人も真実の浄土に往生できるのです。

第四章　証の巻

「念仏は、自我崩壊の響きであり、
自己誕生の産声《うぶごえ》である」（金子大栄）

I　往生浄土の教え

一　浄土真宗の救い

浄土真宗の教えの根本は「本願成就《ほんがんじょうじゅ》」であるといえます。私たちの救いがアミダ如来の側で仕上げられているということです。しかしながら、救いの世界が私たちを離れて向こう側にあったら、私たちには関係がありません。どんなにアミダ如来が「救い」はここにあるから、ここまできてこれを受け取れと待っておられても、私たちがそれに気づかなければ何にもなりません。また、気づいても、そこまで到達することができなければ、単に高嶺の花にすぎません。もし、そこまで到達できるような勝れた能力を持った人がいたとしても、その救いは一部の人のみの救いにすぎません。それでは「十方衆生《じっぽうしゅじょう》」の生きとし生けるものを救うというアミダ如来の願いには適《かな》いません。

アミダの救いの特徴

アミダ如来の救いの特徴は、ともかく「十方のすべての生きとし生けるものを救う」ということです。一人ももれなく救うということです。そのためにアミダ如来は、それが成就するための方法を長い間思案され、修行されました。「五劫思惟《ごこうしゆい》の本願」「超載永劫《ちょうさいようごう》の修行」といわれます。その結果として、その願いが適う救いの道を完成されました。それが「南無阿弥陀仏」という名号と、真実の「浄土」です。「浄土」が救いの成就した場・国土です。その世界へ往生するただ一つの方法が「南無阿弥陀仏」という名号、念仏です。「念仏する人をすべて浄土へ迎えとる」、即ち「救う」と言われるのです。

大事なことは、そのような救いの道がある、成就されているということを、迷いの世界にいる私たちに知らせるために、如来が自ら「南無阿弥陀仏」という言葉の仏となって私たちの前に出てきてくださるということです。それを「他力廻向」というのです。それが本願の中で誓われています。第十七願の願いです。大悲の願、「諸仏称名の願」です、第十七願は「わが名を称えよ」という願いが託された願です。その願いは「真実に遇《あ》え」、「真実に目覚めよ」ということです。「阿弥陀仏」という仏の根源は、「真実そのもの」のことです。「真実そのもの」の世界を、別の言葉で「如《にょ》」「真如《しんにょ》」といいます。その「真実そのもの」の世界を知らせるために「真実世界」即ち「如」の世界から飛び出してこられた仏様を、「如来」といいます、その「如来」のもっとも端的な相（すがた）をとって現われてくださったのが、「南無阿弥陀仏」という言葉の仏様です。「言葉」の仏様に成ってくださったところに「十方のすべての生きとし生けるものを救う」と願われた大事な意味が託されているのです。言葉は私たちの意志に関係なく「向こうから」聞こえてくるものです。「わが名よ、十方に聞こえよ」と願われたところに、すべての人を救いたいという願の深さがあるといえましょう。大阪大学名誉教授の大峯顯先生は、「南無阿弥陀仏」というのは「宇宙語」だと言われます。正しく「真実そのもの」が言葉になったのです。

二　真実世界と人間世界

「真実そのもの」が言葉になって、「南無阿弥陀仏」という名号になって、何を私たちに教えようとされているのでしょうか。端的に言えば、二つのことを教えようとされていると思います。二つのことを知れと呼び掛けられているといえます。

一つは、「自分自身を知れ」ということです。自分の真実の相（すがた）をありのままに知りなさいということです。浄土真宗の言葉でそれを「機の深信」といいます。

もう一つは、「私たちの思いを超えて世界があるということを知れ」ということです。

私たちは自分が考え得るかぎりの世界がすべてだと思っています。実は、その思い（人間理性・知性）を超えてはたらいている世界がある。それに気づくことが同時に私たちの生きている世界の本当の相（娑婆・穢土）を知ることにもなるのです。その思い（人間理性・知性）を超えてはたらいている世界を「真実そのものの世界」、仏教の言葉で「彼岸・浄土・仏国土」などといいます。浄土真宗でいえば「他力の世界」といいます。そういう世界があるということに気づかされることを「法の深信」といいます。

一般に浄土真宗では、このことを「二種深信」といいます。これが仏様から私たちすべての存在に願われている世界です。この二つのことを完全に知ること、私自身の上に自覚されることが「救い」の成就であるといわれるのです。

初めの方の「自分自身を知れ」ということが「悪人正機」の教えです。前章で私なりに明らかにしてきたところです。自分自身の真実相を如来によって知らされると、どう転んでも助かりようの無い私であったと自覚する以外にないのです。それが「いづれの行もおよびがたき身」であり、「生死出離の縁無き身」、「地獄は一定住み家」の私という自覚です。それが私の真実の相でありましたと頭が下がるのです。それを「悪人であることの自覚」というのです。そこに立たされた時、私たちは自分がいままで立っていた、立脚地にしていた「自我の世界」「私の思いの世界」の底が破れるのです。立っている場所、大地を失うのです。それが「自力無功」の信知です。「機の深信」です。頭の下がった世界です。私の「真実」との出遇いです。そこに「悪人正機」といわれる世界が開かれるのです。もう一つの「法の深信」といわれるものは、私たちの思い（人間理性・知性）を超えてはたらいている世界（他力の世界）があったと気づかされることです。人間理性の限界を知らされることです。同時に限界を知らせてくださったはたらきに気づかされるのです。

この二つの信知（気づき・自覚）が、新しい世界を私の上に開いてくださるのです、その開きを「往生浄土」といいます。新しい立脚地をいただくことです。その新しい立脚地を「浄土」というのです。この浄土に自分の立脚地を得て、この苦悩の娑婆、現実を生きることが「往生浄土の人生」といわれるものです。この身は煩悩具足の身です。信心を頂いたからといって変わりません。変わるのは私たちの立っている場、立脚地です。自我の思いの世界から、仏の智慧の大地（浄土）への転換です。

妙好人、浅原才市はその世界を、

　浄土もろうて娑婆にいる
　これがよろこび
　なもあみだぶつ

と詠《うた》っています。

三　真実世界（浄土・彼岸）へ渡る橋

真実世界（浄土・彼岸）と人間世界（娑婆・世間）とは、次元が違います。だから人間世界から真実世界へは、渡る橋はありません。人間の力ではその境界を超えることはできません。今、この原稿をワープロで打っていますが、ちょうど九月のお彼岸前です。お彼岸は向こう岸、真実世界、私たちの住んでいる世界、娑婆世界、人間世界は此岸、迷いの世界といわれます。此岸から彼岸の世界へ往くには仏道修行が必要であるといわれます。大乗仏教ではその行を「六波羅蜜《はらみつ》」の行であると教えています。また『観無量寿経』では定善十三観・散善三輩九品の行を勧めています。その行を完成したら彼岸に到り、仏に成れるということを教えています。その行が人間に可能であるというところに立って修行にはげむ仏道を、浄土教では「自力聖道門」の教えといいます。しかし、完璧にできる人は皆無です。ほとんどの人が落第します。ではなぜそのような行が説かれたのかということですが、それは、やってみて、実際に「私には不可能であったと知れ、気づけ」ということを教えてくださっているのです。人間の力の限界を知らせてくださるための行であったということです。

「六波羅蜜《ろくはらみつ》」の行の一つ、布施の行一つとってみても、そこに説かれていることは、ただ単に「施しをすればよい」ということではないのです。難しい言葉ですが「三輪清浄《さんりんしょうじょう》」でなければ本当の布施ではないといわれます。「清浄」ということは「執われの心」「執着の心」が無いということです。①「布施をする人」②「布施をされること・物」③「布施を受け取る人」、この三者が完全に、そのことにおいて「清浄である」ことが必要です。

私たちは何か施しをすると、してやったという思いをなかなか捨てることはできません。いつまでも、ちょっとしたことでも覚えています。また「布施する物」でも、私たちは、「あれはこれこれの縁の物である」とか。「あれは高価な品物である」とか、施した物にも未練が残ります。さらに施しを受ける側も、「こんなことをしていただいて」とか、「こんな立派なものを」など、あるいは逆に「こんな粗末なものを」と、頂いたものに、価値の上下をつけます。完全に素直な心で受け取るということはなかなかできないものです。しかし、布施の行は「完全な無執着」でなければならないと教えています。実は、その「執われの心を離れよ」ということを通して、逆にそうしようといくら努力してもできない自分を知りなさい、と教えてくださっているのです。浄土真宗的に言えば、「自力無功」の信知ということです、その、こちらから彼岸の世界へ渡ることができないこと、人間の力の限界を気づかせることを通して、人間の思いを超えた世界があることに気づかせるのです。人間の思いを超えた世界からはたらきかけがあったと覚らせるのです。

人間は二重構造の世界を生きているのです、しかし、私たちは普段は、そういう世界を生きているなんて考えてもいません。自分の思いの世界だけが「世界」だ考えています。それを仏教では「世間」といいます。この他に世界があるなんて信じていません。知識として、頭を剃ったお坊さんは「世間」を出た人と思っています。「出世間」を生きていると思っています。しかし、その世界も人間の思いの中で捉えられた世界にすぎません。

四　世界は二重構造

仏教、特に浄土真宗の教えは、「浄土」あるいは「彼岸」「仏国土」という真実世界を抜きにしては成り立ちません。その浄土は私たちが今生きているこの世、現実世界と連続しているわけではありません。次元を異にしています。したがって、一般に考えられているように、「この世」の命が終われば「あの世」へは往くかも知れませんが、そのままストレートに「浄土」へ往生するわけではありません。「生」から「死」への道は、「娑婆」から「浄土」への道ではないのです。考え違いをしている人が多いようです。「浄土」へ往生することは、生死輪廻《しょうじりんね》の転生《てんしょう》の輪《わ》から抜け出すことです。それを仏教では「解脱《げだつ》」といいます。「生」から「死」への道は、生死輪廻の転生の輪の中の一つの転生に過ぎません。永遠に生死の苦悩を繰り返すのです。それが迷いの人生を経巡《へめぐ》るというのです。その転生の輪から抜け出し、もう後戻りしない、苦悩の人生を歩む必要の無い世界に生まれることが「解脱」であり、「救い」なのです。

その生死輪廻の転生の輪から抜け出すことを、浄土真宗では「往生浄土」というのです。親鸞聖人は、特にその「往生浄土」ということが「真実の信心」をいただいた、その時に実現すると言われました。それを「現生正定聚《げんしょうしょうじょうじゅ》」といいます。あるいは「現生不退《ふたい》」といいます。それが、親鸞聖人が言われる「救い」です。

そのことが、どのようにして私たちの上に実現するかを、以下少し考えてみたいと思います。それには、私たちの生きている世界が「二重構造」であるということを考える必要があります。人間世界と真実世界との二重構造ということです。イメージを図示してみたいと思います。

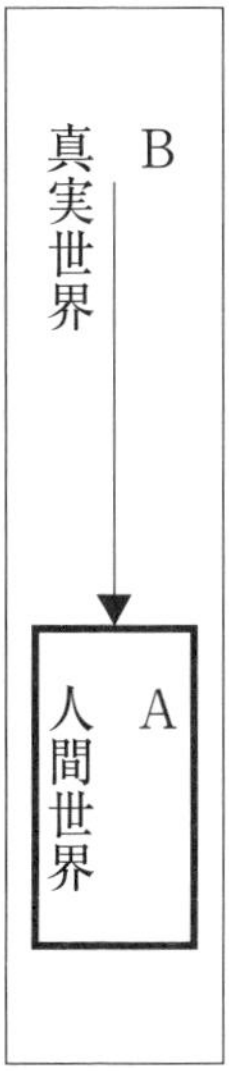

図表のAの部分が「人間世界」です。それは自我の厚い壁で覆われています。Bの部分

は「真実世界」です。「人間世界」を包んで無限に広がっています。「人間世界」は有限の世界です。「真実世界」は無限の世界です。次元が違います。したがって、AとBは隔てられています。AからBへは、超えることができません。有限をどれほど積み重ねようと有限であることには変わりありません。私たちが修行でいくら難行苦行しようとも、人間を超えることはできません。「仏に成る」ことは不可能です。親鸞聖人はその事実を「いづれの行もおよびがたき身」であるとおっしゃっています。「自力は無功である」ということです。AとBとを一つにすることは無限絶対であるBの世界からしかできません。そのBからAへのはたらきかけを「他力廻向」と教えられています。

しかし、私たちはその「はたらきかけ」（他力廻向）があるということに気づけません。何故でしょうか。それは、一つには、人間の思いで作っている（私たちにはそういう意識はまったくありませんが）A世界だけが全世界だと考えているからです。その思いが作っているのがA世界を覆っている「自我の厚い壁」です。それが「真実世界」からのはたらきかけを遮っているのです。では、どうしたら「真実世界」（B）からの私たち（A）へのはたらきかけを受け取ることができるでしょうか。理論的に言えば、A世界を覆っている「自我の厚い壁」を取り去ったら、「真実世界」（B）からの「はたらきかけ」（他力廻向）に気づき、受け取ることができるはずです。

問題は、どうしたら「自我の厚い壁」を取り去ることができるかです。その壁を取り去るために、無数の宗教行者が、仏道修行者が、きびしい修行を行なってこられたのです。しかし、根本においては、人間の側からは自分の煩悩を取りのぞくことはできないということです。私たちが修行でいくら難行苦行しようとも、人間であることを超えることはできません。自力難行道の道を歩まれた日本曹洞宗の開祖道元禅師のお言葉にも、

「自己をはこびて万法を修証するを迷いとす、万法すすみて自己を修証するはさとりなり」（『正法眼蔵』現成公案巻）

とあります。修行をして自分の方から悟りの世界（＝万法・真実世界・B）へ入ったと考えるのは、迷いでしかない。逆に、修行を通して万法（＝真実世界・B）のはたらきかけに気づき、そのはたらきかけによって自己の真実相を知らされることが、真の「悟り」であるということです。

五　「自力無功」の信知

道元禅師の言葉にもあるように、「他力廻向」のはたらきかけによって「自己の真実相」に気づかされることが大事だということです。浄土真宗の言葉で言えば、「機の深信」で

す。如来真実の光に照らされて、自分が「罪悪深重、煩悩熾盛の凡夫」「地獄は一定住み家の私」「いづれの行も及びがたき身」であるとの自覚です。「悪人であること」の自覚です。そこに立たされた時、はじめて私たちは自分の今まで立っていた立脚地が崩壊することを自覚するのです。それが「自力無功の信知」です。その時が「自我の厚い壁」が破れる時です。自分の自我の思いで作り上げていた世界の壁が破れた時、私たちはその立脚地が崩壊するわけですから、落ちるしかない。私たちの自我意識からすれば、真っ暗な奈落（地獄）へ落ちていく。落ちた時、実はそのままB世界（真実世界・浄土）に包まれている自分を見出すのです。それを「往生浄土」というのです。それが如来の「摂取不捨」のはたらきの世界です。そこに「真実世界」である浄土を自己の立脚地としてこの世間（娑婆世界）を生きる私が誕生するのです。その世界の転換、立脚地の転換を「往生浄土」というのです。その転換は親鸞聖人によれば「信心獲得」の、その時に起こるといわれます。そのことを「現生正定聚」「現生不退」といいます。

真宗大谷派（お東）の碩学、金子大栄先生は、そのことを、

念仏は、自我崩壊の響きであり、
　自己誕生の産声である

と教えてくださっています。「他力廻向」の念仏（十七願の行）によって、本当の自分の

相（すがた）に気づき「自力無功」を知らされ、自我の立脚地が崩壊した時（機の深信）、同時に、そのままが浄土の光に包まれている自己を見出す（法の深信）。ありのままの自分（真実の自己）をいただかせてもらうのです。それが「信心」の世界です。

この身がある以上、現実界（世間・自我世界）を生きざるを得ないのですが、しかし、浄土を立脚地とすることによって、いつでも真実の世界に還らせてもらえるということです。それが「不退」ということです。それが真実の「信心」をいただいた時に得られる如来の功徳（証）です。

その功徳のはたらきに「二種」あるといわれます。「往相廻向」と「還相廻向」です。次に、それについて考えておきたいと思います。

Ⅱ　信心獲得における「如来の智慧のはたらき」

一　信心獲得――立脚地の転換

親鸞聖人における「信心」というのは、私たちが人生を生きている場（立脚地）が転換することだということができると思います。即ち「自我の思い」の場が名号（南無阿弥陀仏）のはたらきによって転ぜられて、「真実のいのちの世界」（浄土）を自分の立脚地としていただくのです。知の構造でいえば、「知識分別の世界」が転ぜられて「真実智慧の世界」を恵まれるということです。その転換は、名号のはたらきによって「自我の思い」の厚い殻が破られ崩壊して、今まで立っていた場を失って落ちるままに与えられるのが「真実のいのちの大地」（浄土）です。前述の「世界の二重構造」の図でいえば、「A」から「B」への転換です。その立脚地の転換として表わされる「信心」獲得の構造をイメージして図示したものが、次図の「風船の喩《たと》え」です。

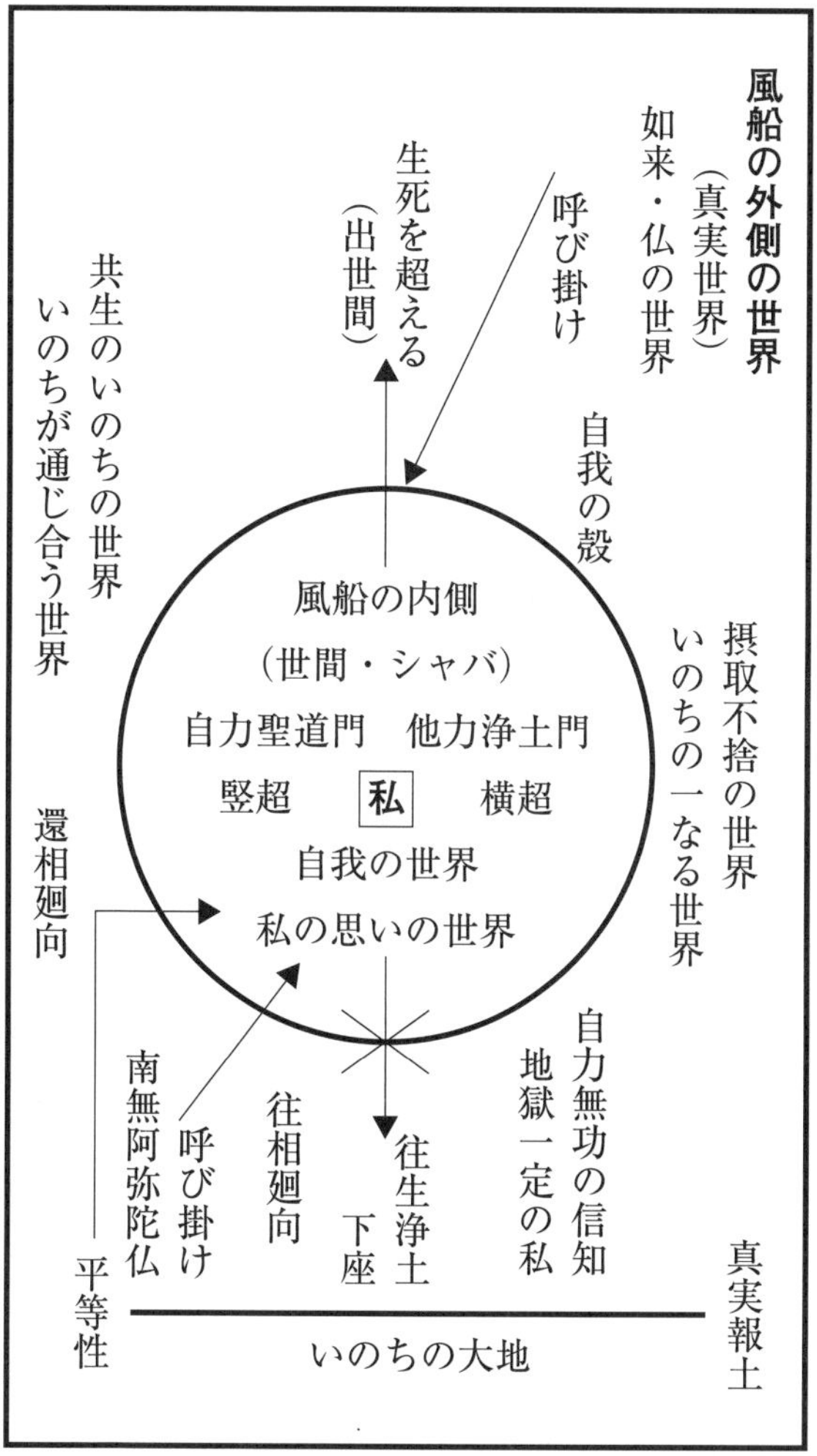

風船の喩えの図

風船の喩えで表わしたのは「世界は二重構造」ということです。「風船の内側」の世界とそれを大きく包んで支え、はたらいている「風船の外側の世界」です。私たちが生きている世界は、そういう二重構造になっているのです。実は「風船の内側」の世界は、人間の思いが作り出した「自我の世界」です。仏教では「世間」とか、「シャバ」といいます。解剖学者で、その世界から現代文明に鋭い批評を加えられている養老孟司先生は、その世界を「脳化社会」と名づけられています。人間の脳が作り上げた世界ということです。その世界を特徴的な言葉で表現すれば、「つもりの世界」「分別《ふんべつ》知の世界」「言葉の知の世界」「理性社会」「人工社会」「合理の世界」「道徳世界」「自力の世界」などを挙げることができると思います。それを作り上げたのが「自我の私」（人間知・分別知）です。

「風船の内側」の世界は、自我を立脚地とする世界ですから、それぞれの存在が自我を主張して生きる、「バラバラのいのちの世界」です。自我の思いで囲い込まれた「閉じた世界」です。それは孤立・孤独の世界です。一つになれない、通じ合わない世界です。繋がり合うのは、世間的に価値と認められる「お金」や「権力」「地位」「名誉」などの損得計算の中だけです。「金の切れ目が縁の切れ目」などという言葉は、そういう自我世界の姿を象徴的に表わしています。現代社会は、まさに人間の「思い」「欲望」が作り上げた世界と言っていいと思います。

そして、やっかいなことには、その人間の思いが作り上げた「脳化社会」「人工化社会」が、本当の、そして唯一の世界だと、私たちが考えていることです。その「人間の思いが作り上げた世界」を超えて「世界」があるなんて、考えてもいないことです。それが今、経済的に先進国といわれている国々の人びとの生き方です。

だから、幸せになる道は、自分たちが作り上げた「風船の内側の世界」を大きくすることだと考えています。しかし、そこは「閉じた世界」ですから、お互いに通じ合うことができません。また「閉じた世界」からものを、世界を見ていますから、自分の思いの世界しか見えません。死後の世界も、見えない世界も、実は自分の思いが精一杯考え付いた世界にすぎません。

そういう世界を「救いの世界」として、いくら考えても、自力の努力を積んでも、私たちの思いを超えた「真実世界」（風船の外側の世界）には触れることはできません。仏法の浄土の教えでは、そういう道を「自力難行道」と教えています。またそこで想定された「救いの世界」は「方便化身土《ほうべんけしんど》」（仮に立てられた救いの世界・胎生の世界）といわれています。そこは「真実の救いの世界」ではないということです。

仏法は、真実の宗教は、その「人間の思いの世界」を超えて「世界」があるということを、私たちに改めて気づけと教えているのです。その「人間の思いの世界」を超えた「世界」が、図表でいえば「風船の外側の世界」です。

「風船の外側の世界」は、「風船の内側の世界」と対比して表現すれば、「無限大のいのちの世界」「無我の世界」です。その特徴的な点で表現すれば、「真実そのものの世界」「真実のいのちの世界」「真実在の世界」「無分別智の世界」「絶対的一なる世界」「浄土（仏土）」「畢竟依《ひっきょうえ》（いのちの大地）」「自然《じねん》なるいのちの世界」「真実の宗教の世界」「共生のいのちの世界」、そして「絶対他力の世界」「無限に開かれた世界」などと言い表わすことができると思います。「真実の自己」を生きる世界です。

その「風船の内側の世界」を超えて「風船の外側の世界」があると覚った存在を、「ブッダ（目覚めた人）」といいます。

「風船の外側の世界」（真実世界）は、常に「風船の内側の世界」（自我世界）を包み込んではたらいています。「真実世界」は自我中心の思いで生きている私たちに対して、「真実のいのちの世界」を伝えようと、常にはたらいています。そのはたらき、願いは、色、形のない「真実そのもの」が、有限な人間の世界に対応して、自己を限定し、具現化して「言葉の仏」となってくださいました。それが「名号」となられた「南無阿弥陀仏」という仏様です。その「南無阿弥陀仏」は、私たちに「真実の自己の相」を知れ、自分の生きている世界の真の有り様に気づけと呼び掛けてくださっています。そして「真実の光」をもって私たちの世界を照らしだしてくださっているのです。その真実の光に照らしだされて、私たちは初めて「自分の真相」を、私たちの生きている「世界の真相」を気づかされるのです。いかに身勝手な思いの世界を生きていたかということをです。

（註）「私を超えるもの」に出会うことの大切さを、精神分析の立場から説かれている方に、ユング派精神分析学者の河合隼雄元京都大学教授（現文化庁長官）がおられます。児童文学を中心に、現代社会が見失ったファンタジーの世界に眼を向けることの重要さを強調されています。「たましい」の世界の復権が今大事であると述べられているのは傾聴に値すると思います。この本で説いてきた「人間の思いを超えた世界」を知ること、それが「真実の宗教」であること、「真に人間になる道」ということと、同じ世界を別の角度から説かれているように思います。
特に、先生の著書『ファンタジーを読む』『子供の眼からの発想』『子供の本を読む』（いずれも「講談社α文庫」）など読んでみてください。

二　「信心」＝二種深信（機・法の二種）

信心をいただくということは、如来の真実の智慧をたまわることです。如来の真実の智慧は「南無阿弥陀仏」の「名号」となって、私にまで到り届けられます（＝他力廻向）。なぜ如来はそうされるのかというと、人間（私）が真実のいのちのあり方に背いた生き方をしているのに、そのことに気づかず、むしろ自分ではまともに生きていると思っているからです（＝無知・無明）。それを如来は「罪悪深重の凡夫」「罪な生き方」と言われます。親鸞聖人は「濁世の群萠」と、また蓮如上人は「末代無智の私」と教えてくださいます。

①機の真実、即ち「自分の真実の相」とは、「罪悪深重・煩悩具足の凡夫」「いづれの行も及び難き身」、「地獄は一定住み家」の私ということです。どうあがいても、もがいても永遠に救われない私、それがお前の真実相だと知れと、如来は呼び掛けてくださっています。その「自分の真実の相」に心底気づくことを「機の深信」といいます。

②法の真実、即ち「真実そのものの世界」とは、人間（私）に、自分の真実相に気づかせ、「真実のいのちの世界（浄土）」（真の立脚地）を示し、「ここへ往生せよ」と呼び掛けています。それを成就するために「救いの法」である「南無阿弥陀仏」と、「救いの場」である「浄土」を建立していると教え示しているのです（＝弥陀の本願の十一願・十七願・十八願）。そして、その真実世界の浄土へ往生する道は「ただ本願を信じ、念仏申す」ことだけであると明かし、「念仏申す身になれ」と呼び掛けておられます。そのはたらきの世界が「法の真実」の世界です。そのはたらき、願いに気づくこと、自覚することを、「法の深信」といいます。

三　「信心獲得」によって開かれる世界

①往相廻向の救済（タテ方向の救い）

如来の智慧のはたらきによって、「真実、地獄しか行き場のない、助からない私であった」と信知された時（自力無功の信知）、私が今まで立っていた自我中心の立脚地が崩壊し、まさに地獄へ落ちるしかありません。その落ちるそのままが、実は如来の救いの手の中であったと、落ちてはじめて気づかされるのです。それを「信心をいただく」といいます。

それが如来の「摂取不捨」の救いの世界です。前述の「風船の喩え」の図表でいえば、「風船の内側」を囲んでいた自我の底が破れて、自分の立脚地が無くなって真逆さまに落ちていくところが、実は「風船の外側」の世界に触れるということです。そこに、すでに如来によって、真実の「いのちの大地」が用意されていたということです。そこはまさに念仏詩人、榎本栄一さんの言われる「下座」ですけれども、そここそが私たちの真実の立脚地でもあるのです。そこに立つことを「往生浄土」といいます。如来様の手の中こそ、救いの場（浄土）です。真実の「いのちの大地」です。そこに立った時、私たちは本当に心から安心できます。と同時に、真に独立者（無碍《むげ》の一道を歩むもの＝一人（いちにん）の自覚）となることができます。

それゆえ、そこを「真の立脚地」（畢竟依）といいます。私をそこに立たしめる如来のはたらき、それが「タテ方向」の救済の原理です。それを如来の「往相廻向のはたらき」といいます。その「真の立脚地」に立つことを「往生浄土」というのです。

②還相廻向の救済（ヨコ方向の救い）

「真実のいのちの大地」を賜った時、即ち私に「往生浄土」ということが成就した時、そこがすべての「いのち」が一つである世界、それぞれが生かし生かされながら、お互い自分のいのち精一杯を生き合っている「共生のいのち」の世界であることに気づかされます。そこに立つことによって、お互いのいのちが通じ合い、繋がり合うことができます。「ヨコ」への広がりを持った「共なる世界」が自然に開けてきます。その世界を「浄土」というのです。同時にまた、「真実のいのちの大地」に立った時、「真実のいのち」の在り方が知らされます。その如来の智慧の眼をいただく時、私たちの生き方がいかに「真実のいのち」に背いた生き方であり、迷いの生き方であるかを知らされます。そういう目覚めによって、それを痛み、同時に苦悩する人びとに、共に「真実の世界」に目覚め、「真実の人生」を生きようと呼び掛けずにはおれません。そういうすべての「いのち」と共に生きる世界が自ずと開かれてくるのです。それが「ヨコ」方向の救いの世界、如来の「還相廻向」のはたらきです。

四　「信心の社会性」の教学的根拠

「信心」そのものが持っている如来の智慧のはたらきは、私たちを真実に目覚めさせ、同時に、私たちの生き方が身勝手な、エゴの生き方であることに気づかせます。また如来の智慧は、私たちが作り上げた世界が「そらごと、たわごと」の世界、虚偽であることに目覚めさせます。同時に真に立つべき場（浄土）が与えられます。そこに「真の共同体」（同朋社会）を開いてくる契機があると言えると思います。

「信心の社会性」ということが、いま浄土真宗本願寺派の基幹運動の課題となって研修されています。それを問題にするということはたいへん結構なことですが、社会的事象への対応に追われて、その教学的根拠についてはあまり問題にされていないように思われます。私はそれでは不十分だと思っています。私たちが真に立つべき場（浄土真宗）を明確にしておかないと、社会的事象に引っ張られて、自分の立脚地が失われてしまう危険性があります。

ここでは、私なりの「信心の社会性」の教学的根拠について述べてみたいと思います。いろいろ御批判をいただければ有り難く思います。

「信心の社会性」の教学的根拠は、私は、親鸞聖人の教学でいえば、「還相廻向」ということと、「方便化身土の巻」に明らかにされていると考えています。この「還相廻向」と「方便化身土の巻」については、従来の浄土真宗本願寺派の伝統的教学の了解では、あまり重視されてきませんでした。特に「方便化身土の巻」については、「簡非《けんぴ》の巻」とされ、一時的に一旦は取り上げるが、元々は捨て物の巻であるということで、ほとんど問題にされませんでした。これには、あるいは蓮如上人の教学表現の影響があるのかもしれません。『御文章』という一枚法語的な短い文章の中には、難しい教学を論じることはできなかったと思われます。また無用の混乱を招くと避けられたのかもしれません。蓮如上人の教えの中心は「往生浄土」ということ、そのためには「信心」を得ることこそが肝要であるということを説かれました。それは、蓮如上人が相手にされた当時の人びとと時代的な背景も影響していると思います。この点についてはここではこれ以上触れません（興味のある方は、拙稿「蓮如上人と現代」（『蓮如上人の総合的研究』永田文昌堂刊、及び「蓮如教学に還相廻向が無いのは何故か」（「宗教」誌・平成八年十一月号）をご参照ください）。

「還相廻向」

「還相廻向」ということは、如来から賜った廻向成就の信心のはたらきの一つです。それは自我崩壊によって生じた立脚地の転換、世界の転換によって開かれた浄土の功徳です。それは信心をいただいた人の上にはたらく「利他の精神」の発露です。自分が「真実のいのち」「真実の世界」に目覚めた時、今まで生きていた世界が虚妄の世界であった、迷いの世界であったと知らされます。また同時に、そこに生きているご縁の人たちが、自我の枠の中で、差別の世界を生き、損得・善悪に執われながら迷いの中を生きていること、さらにそのことに無自覚であることも、はっきり見えてきます。そういう人たち、苦悩する人びとに、「真実のいのち」のあり方に背いていることを教え、共に「真実の世界」に目覚め、共に「真実のいのち」を生きようと、呼び掛けずにはおれなくなるのです。そういうすべてのいのちと共に生きようとする世界が自然に開かれてくるのです。それが「共に」という、いのちの繋がりを確認し、いのちの通い合いをもって生き合う世界。そういういのちの共同の世界を生きる「救いのヨコへの広がり・展開」のはたらきを、「還相廻向」といいます。

それが「信心」が持っている社会性の一面です。身の事実に立った時に開かれる「いのちの大地（浄土）」の世界のはたらきです。

「方便化身土」の世界

もう一つの「方便化身土の巻」ですが、この「方便化身土」とは、如来真実のはたらきによって知らされる「私たちが今生きている現実世界」のことです。どこかの誰かの世界ではありません。前述の図表でいえば、「風船の内側」の世界のことです。如来の教化を必要としている世界です。しかし、私たちはそんなことは夢にも思っていません。間違いのない世界を、自分なりにチャント生きていると思っています。そういう私たちの生きている世界の相（すがた）が「方便化身土の巻」で明らかにされています。それが十九願の世界、諸行往生の道であり、二十願の世界、自力念仏の世界です。また外道といわれる世界です。自分の外に真実なるものを想定して、それに頼り、すがって生きていく相です。私たちは、それが「迷いの道」だとは考えていません。むしろ、これこそがこの世を生きていく本当の人生だと思っています。自我の思いに執われた生き方です。

それが真実に背いているということは、自我の思いの中からは出てきません。その誤りを教えてくれるものは、自我の思いの世界を超えた「真実」だけです。その「真実」のはたらきが「他力廻向」です。その具体的なはたらきのすがたが「南無阿弥陀仏」という名号です。その名号のはたらきを私たちが頂戴した時、即ち「信心」をいただいた時、自我の枠が破れて、「真実」の世界（浄土）に触れるのです。浄土の真実に目覚めた時、今まで自分が生きていた世界が「迷いの世界」であったと気づかされるのです。そこではじめて、今まで自分が生きていた世界が「方便化身土」の世界であったということが言えるのです。

「方便化身土」の世界は、如来真実の無限大の大きな世界に包まれ、支えられています。それはすでに如来浄土の中です。ただ私たちは、自我の目に曇らされて見えないだけです。如来の悲願は、すでに自我の思いに執われた私たちを包んではたらいているのです。私たちはそのことに気づくだけでよかったのです。その気づきが、親鸞聖人の言われる「信心」ということです。

「方便化身土」の世界は、別の言い方をすれば、如来教化の場です。そこをおいて如来が衆生を教化する世界はありません。真実の報土では如来は教化する必要がありません。「方便化身土」の世界を生きている衆生は、迷いのただ中にいます。しかし、自分が迷っていることには気づいていません。だから、仏は「自分が迷っていることには気づけ」と、真実世界から、如来となって呼び掛けずにはおれないのです。

「方便化身土」の世界は、真実信心によって明らかにされる私たちの現実相です。私たちがいかに身勝手な思いで生きているか。真実のいのちに背き、バラバラのいのちを生きているか。自分の得だけ考えて、いかに他を省みない生き方をしているか。知らず知らずに多くの人を傷つけ、差別を繰り返しているか。そして、そういうことにいかに自分が無自覚に生きているかということに気づかされます。私たちはただ「愚かであった」「自分が間違っていた」「罪深い人間であった」と、頭を下げずにはおれないのが、私の現実の生き方でした。そういう私たちが自己の現実相に目覚めた時、即ち、「信心」をいただいた時、私たちには、その誤りを正そうとする思いが湧いてくるはずです。そういうところに「真実の信心」が開く社会性というものがあると言えると思います。

「信心」とは「仏の智慧」のこと

親鸞聖人は、「信心」とは智慧であるといわれています。智慧とは「仏の智慧」です。如来真実の智慧です。だから「信心」をいただくということは、如来真実の智慧を賜ることです。真実の智慧は真実を知る智慧です。しかし、それだけでなく「真実」を通して「虚偽」を虚偽と知る智慧でもあります。この点は以外と見逃されていますが、特に「信心の社会性」を論じる時に、大変大事なことだと思います。

例えば、「信心」とは、教学の言葉で言えば、「二種深信」ということです。「真実」を通して「虚偽」を虚偽と知る智慧を「機の深信」といいます。自己の真実相が真実に背いているということ、真実でない生き方になっていることに気づかされることです、「罪悪深重・煩悩具足の凡夫」「地獄行きの私」、それが私の真実であるということです。また、「真実」を真実と知る智慧を「法の深信」といいます。

従来、「機の深信」は自分一人の、個人的な「罪悪深重性」「地獄一定の存在」、「助からない私」の自覚、信知として語られてきました。しかし、「信心」とは智慧であるということは、単に個人の世界の問題だけでなく、人間が作りだし、生きている現実世界（世間）の虚妄性をも、当然明らかにしてくるはずのものです。そこにいわゆる「信心の社会性」があると言えます。信心そのもののはたらきの内に、人間社会への厳しい批判も含まれているはずです。それが、「真実世界」を「浄土」というのに対して、私たちの生きている現実世界を「穢土」（＝煩悩に汚された世界）と厳しく表現されていることからもわかることです。その点が従来、等閑《なおざり》にされていたと思われます。

従来の一般的な教学理解として、浄土真宗の要《かなめ》である「信心」の受け取り方も、個人的な心の救済という面を強調して理解されてきました。そこには、「信心」とは智慧であるという、本来の親鸞聖人が明らかにされた真実の開顕（法の真実）と、同時に、真実に背くものに対する批判原理（機の真実）としてのはたらきという面が落ちてきました。ただ一方的なアミダの救い（独用・法の側の）だけが強調され、それこそが「絶対他力の救い」であると説かれてきました、そこには批判原理としてはたらく如来の真実のはたらきは消されてしまっていました。

「信心」が智慧であるということは、単に「阿弥陀如来のお救い」を信じるとか、「阿弥陀如来のお助けが間違いない」ということを信じるとかいうことではありません。それでは対象化された救いを信じているにすぎません。他の信仰と同じことです。ただ信仰する対象が変わっているにすぎません。「アミダさんは特別」といっても同じことです。

「南無阿弥陀仏」という名号は、「まかせよ、救う」ということだと、一般に解釈されてきました。その解釈には、「南無阿弥陀仏」という名号が「真実の開顕」であるということが明確ではありません。名号とは、私たちに「真実」を真実と知らせ「虚妄」を虚妄と気づかせることによって、私たちに「真実のいのちの世界」（浄土）へ還ること（往生）を願い、救おうとはたらいていてくださっている「如来のはたらき」の現われ（具現化）たものです。

「信心」をいただくということは、名号となった「如来の智慧」をいただくことです。その時に、私たちが今まで立っていた自我の世界が「うそいつわりの世界」であると知らされ、崩壊するのです。それが「自力無功」の信知です。自分の立脚地を失い、落ちるしかない私が、落ちるまま、そのまま如来の手の中に抱き取られるのです。それが「如来の摂取不捨」のお救いです。そのことを「おまかせ」というのです。「おまかせ」のままが

「救われている」のです。

「おまかせ」するということは、私が如来さまにおまかせすることではありません。「信心」とは一切を如来におまかせすることだと教えられるから、私が「おまかせすること」だと思われるかも知れませんが、それは実は二十願の世界のことです。如来のお心に背くことです。

「おまかせ」するということは、私が生きていた自我の思いの世界が崩壊することです。握るものが無くなった世界です。私たちの思いからすれば、「おまかせせよ」と言われても、なかなか「おまかせ」することができません、という自覚のところに、ただ頭が下がったところに開かれてくるのが、「如来の摂取不捨」のお救いです。「おまかせ」できないまま、そのまま、すでに如来の手の中に抱き取られているのです。そのことに気づくことを「信心」をいただくといいます。そこに「往生浄土」ということが成就するのです。立脚地の転換です。生きている世界が変わるのです。

真の立脚地をいただくことを「往生浄土」といいます。真の立脚地をいただくということは、自分の足で立つということです。もっと言えば「真の独立者に成る」ということです。真に自由に生きることのできる人間になることです。親鸞聖人は、そのことを、「念仏は無碍の一道」を開く如来のはたらきであり、同時に「念仏申す人は、無碍の一道」を歩む人間になると、教えてくださっています。「無碍の一道」を歩める人間になるということは、自分の人生の上で、どのような出来事が生じても、自分に都合が良かろうと悪かろうと、それをすべて「ようこそ、ようこそ」と引き受けていける人間になることです。私たちの人生は、自分の思うようになるよりも、むしろ思うようにならないことの方が多いと思いますが、それらを一切ご縁でありましたと引き受けて、立ち上がっていけるということです。それが「浄土に往生した」ことの一番の功徳です。それを「助かった」というのです。それが「救い」の成就です。

五 「私も」という世界

「信心の社会性」ということを、現実の私の生活の中で、どういただいたらいいのかということについて、どこで、そういう世界が開かれるかということについて、非常にわかりやすい具体例を挙げて述べられた、北陸の真宗大谷派のご住職松本梶丸さんの文章を紹介したいと思います。そこに、私たちが立たせていただく世界を「私も」という表現で表わしておられます。

その「私も」という世界は、すでに聖徳太子が「共に凡夫のみ」と教えてくださっています。親鸞聖人は「いし、かわら、つぶてのごとくなる、われら」といただかれています。また現代の念仏詩人、榎本栄一さんは「下座」に立つことだと詠《うた》ってくださいました。それは「信心の智慧」によってたまわる世界であることを忘れてはいけないことだと思います。

「も」の一字の大切さ

松本梶丸

「自分を見る眼は、相手を受け入れる眼や。自分のことは自分で見えんもんや。自分を見るときゃ、如来さまの眼をいただかんと見えんもんや。この眼をいただくと、向こうさまと変わらん同じもんが、ここにおるだけや。」山崎ヨンさんの言葉である。私は名も無き人のこんな言葉に、生きた言葉の響きを感じ、脱帽するのである。人間の知恵や眼を通して見えてくる世界は、所詮「お前は」「おれが」という世界ではないか。

「今日、山田くんと遊ぶ約束をしました。いつまで待っていても来ないので、呼びに行ったら、どこかへ遊びに行っていました。あとからもう一度行ってみましたが、まだ帰っていませんでした。僕もときどき忘れることがあります。」

私の子どもが小学二年生の時のある日の日記である。私は約束を忘れた相手を責めず、「僕もときどき忘れることがあります」と、「自分も」と受け止めてくれたことが無性にうれしかったことを今でも覚えている。さらに、その一文に傍点を打って「私もときどき約束を忘れることがあります」と、書き添えてくださった先生の心にも深い感動を覚えた。ここに教育の原点があるのではないだろうか。教える先生も教えられる子どもも、同じように人間として約束を忘れ、嘘をつくこともあるという、その痛みに立ってこそ教育は体温を持ってくる。教育は共育といわれるゆえんであろう。

今、学校にも家庭にも社会全体にも、この「も」の一字が見つかっていないのではないだろうか。

「そりゃ、人間の眼からみりゃ、向こうさまの悪いところしか見えんわね。人間の眼からやと、《が》という世界しか見えんけど、仏さまの眼をいただくと、《も》という世界がいただけるがや。《が》と《も》と一字違いやけど、そこには天地の違いがあるがや。」

これも在家の念仏者のつぶやきである。

《が》と《も》との一字違いが、天地の違いになるということを教えてくださったKさんという念仏者がおられる。

「女房がお寺へ往くようになって三カ月ほどになるが、近ごろ、あれほど話がよく合った女房と全然話が合わなくなった。どうしたわけでしょうか」と質問された。ちょうどお寺にきておられたY先生は、「そりゃあ、話が合わなくなったのは当たり前や。それは人間の眼《まなこ》だけで見ているものと、如来さんの眼でものを見られるようになったものとの違いや」と、話された。

仏法にまだ縁が無かった時、Kさん夫婦は人間の眼《まなこ》でものを見る世界を共有していた。人間の眼は「人の悪きことは能く能く見ゆるなり。我が身の悪きことは覚えざる」（蓮如上人）眼である。その限り、二人の話はよく合ったであろう。三カ月の奥さんの真摯《しんし》な聞法の歩みの中で、奥さんには思いがけず、如来の眼（教えの眼・内観の眼）でものを見る世界が誕生したのであろう。それまで平気で人を批判し、裁いていたその自分というものが見え、知らされてきたのではあるまいか。

「如来さんの眼いただくと、向こうさんと変わらん同じもんが、ここにおるだけや。」向こうさんと変わらん同じものが、自分の中に見えてきた時、Kさんの奥さんは沈黙せざるをえなくなったのではなかろうか。

「肉眼は他の非が見える。仏眼は自己の非に目覚める」（川瀬和敬）

人間の眼から如来の眼へ、生きることのかけがえのない転機であり、深まりである。

（松本梶丸『生命の見える時』中日新聞本社刊より）

「信心」をいただくということは、自己が立っている立脚地（場）の転換であると、私は申しました。それは「自我の場」から「如来の世界」への転換ということです。そのことを私たちの生活の場でいただかれたのが、「人間の眼」から「如来の眼」への転換です。自我の場に立って見ている世界は、自己を中心に据えて、外なる世界、他を見ている世界です。それが真実の教えに出遇って転ぜられて、如来の場に立ち如来の眼をいただくと、自分自身が見えるのです。自分がいかに愚かな存在か、自己中心のいのちを生きていたかが見えるのです。それは、実は他の人が間違っていると批判していた同じ世界だったのです。「私も」同じであったと気づいた時、私たちは沈黙せざるを得ないのでしょう。頭を下げずにはおれないのでしょう。

身を持った「いのち」

私たちが生きている「いのち」の世界は、「身と心」が一緒の「いのち」を生きているのです。私たちは、通常、自分の思いの世界を生きています。自我の思いの世界です。その世界は「心」を中心とした世界です。身の世界を生きていることを忘れています。真実の信心の智慧は「我が身の事実」を如実に教えてくれます。従来の信心理解では、信心が「身」を忘れた、心のみだけで理解されていたように思います。単に「信心」は心の転換としてだけ捉えられていることが問題だと思います。一般に、宗教も「心の問題」というように、倭小化されて理解されることがほとんどのように思われます。

仏教は「心身一如」の世界を問題にしてきました。身を忘れたところに、自分の思い通りになる世界を夢見るのだと思います。我が身は「生・老・病・死」するいのちです。そういう「いのち」全体が救われる道が仏道です。我が身は、私の思いを超えて存在しているのです。身こそ「いのちの大地」と繋がっているともいえるでしょう。その身をも我が思いの中で考えているのが私たちではないでしょうか。そこに、宗教も「心の問題」とされるところがあると思います。

親鸞聖人は「いづれの行もおよびがたき身」と教えられています。そこに私たちの立つべき世界が、場があるように思います。我が身の事実は、すべての人と同じいのちの世界であったのです。そこに「私も同じいのちを生きていた」という自覚世界が開かれてくるのです。

そういう意味で、私は、我が身の全体が転ぜられる体験が「信心獲得」の世界だと考えています。「信心」とは、「身と心」が一緒のいのちの全体が、自我の立脚地から「真実のいのちの立脚地（浄土・畢竟依《ひっきょうえ》）」へ転ぜられることです。真実世界とは、人間理性を超えた、自我の世界とは質を異にする世界です。そこは自然《じねん》の道理の世界です。無限大にいのちの拡がった世界です。その浄土（真実のいのち）を場・立脚地とする私になることが

「往生浄土」ということです。

六　救いの必要条件と十分条件

浄土真宗の「救い」というのは、他力の救いであり、それはアミダ仏の一方的救いだといわれてきました。したがって、私の側からの自力のはたらきかけは一切無効であるとされます。ただアミダ仏の一方的救いにおまかせするだけだということになります。しかし、それでは私は不十分だと考えています。アミダ仏の一方的救いということは、実は「私の救い」の必要条件であるということです。それがアミダ仏の方で仕上げられたということです。それが弥陀の「誓願不思議」のはたらきです。「南無阿弥陀仏」の名号です。その願行のはたらきが私に知らされ、教えられ、気づきとなり、私の上にそのままいただかれて、はじめて私の信心となるのです。その時はじめて「私の救い」となるのです。

「信心」のすがたが、おまかせの相（すがた）です。如来の誓願に気づかないままに、最初からおまかせすることは、私たちにはできません。「まかせよ、救う」という呼び声がどうしたら聞こえるかということです。それは「聞法」しかないといわれることでしょう。「聞法」していたら自然に聞こえるようになるといわれるかも知れません。結局、堂堂巡りです。私が問題にしているのは、なぜ自然に聞こえるようになるかということです。従来の信心理解では、そこのところが不明瞭です。

如来の誓願の呼び声がどうして聞こえるかということです。どこで聞こえるかということです。それは、自分がいかに自己中心の自我の思いに執らわれていたかということに気づかされた時です。心底頭が下がった時です。そこを金子大栄師は「自我の崩壊」の時と言われます。即ち「機の深信」が成立した時です。その時、自分を覆っていた自我の殻が破れて、如来真実の光と呼び声である名号が、私の心の中に飛び込んでくるのです、自分を覆っていた自我の殻が破れた時、如来の誓願の呼び声が聞こえてくるのです。その時が「機の深信」が成立した時です。その「機の深信」の成立が、私の救いの「十分条件」です、その時、同時に、そういう自我の私を教えてくださった如来の名号のはたらきに気づくのです。それが「法の深信」です。その二種深信としてはたらく「真実信心」が私の上に成就することが、私の救いの「必要にして十分なる条件」となるのです。それが、私が救われたということです。それを「往生浄土」というのです。

七 「往生浄土」ということ

「往生浄土」という言葉には、二つの意味が含まれています。一つは、私の救いが成就する「場の転換」という意味です。瞬間的な動的世界のことです。「信心獲得」の瞬間ということです。後者を意味する場合です。A世界（風船の内側）から、B世界（風船の外側）への立脚地の転換のことを意味する場合です。それは、人生の方向転換でもあります。自分の欲望を求めて、その成就を願う上方指向の、自我の世界から真実のいのちに目覚め、そこを立脚地とした、「願生浄土」の人生をいただくということです。「救い」が成立した時を表わします。「信心獲得」という表現は「心」の立場で見た時のことです。「往生浄土」は、同じ現象を「身」の立場に立って表現したものだと言えると思います。

もう一つは、「救い」が成就した世界（場・位）を表わします。「覚り」「証」の世界です。前者が「時間的」世界の表現、動的（ダイナミック）なものとして捉えた表現であるのに対して、こちらは、「場所的」な覚りの世界を表現したものです。静的（ステータスチック）な世界と言ってもいいでしょう。「浄土」そのものをいただいた相です。いわゆる「助かった」「救われた」世界をたまわったということです。それが「証」です。別の表現で言えば、如来に「摂取不捨」されたということです。「摂取不捨」の世界をたまわったということです。「現生正定聚」「現生不退」の位をたまわったことです。真の人間成就の道である「願生浄土」の人生を歩むものになるということです。

そこで浄土の徳をいただくのです。経典に「各々安立」（『大無量寿経』）という言葉があります。浄土は、どのようないのちでも「お前はお前でちょうどよい」と、それぞれに居り場所をいただける世界です。そうであればこそ、あらゆる存在が、お互いの存在をそのまま認め合い、手をつないでいける世界です。お互いのいのちが響き合い、通じ合う世界です。そういう世界を、仏教では「僧伽《サンガ》」といいます。親鸞聖人が言われる「御《おん》同朋《どうぼう》・御《おん》同行《どうぎょう》」の世界です。そういう世界を、金子みすゞは「わたしと小鳥とすずと」という詩の中で詠じています。

わたしと小鳥とすずと

わたしが両手をひろげても
お空はちっともとべないが、
とべる小鳥はわたしのように、
地面《じべた》をはやくは走れない。

わたしはからだをゆすっても、
きれいな音はでないけど、
あの鳴るすずはわたしのように
たくさんなうたは知らないよ。

すずと、小鳥と、それからわたし、
みんなちがって、みんないい。（金子みすゞ童謡集『わたしと小鳥とすずと』より）

「浄土へ何しに往くのか？」

妙好人、浅原才市の詩に、
才市やどこにおる
浄土貰ろうて娑婆《しゃば》に居る
これがよろこびなむあみだぶつ

というのがあります。浄土を自分の立脚地として、この世（娑婆）を生きるということです。それが「現生正定聚」「正定聚不退転」の位を得るということです。もう迷いの世界へは後戻りしない位・世界へ入ったということです。それは、もう一切迷わないとか、苦悩が無くなるとかいうことではありません。私たちの煩悩は生命《いのち》終わるまで無くなりませんから、人生を生きることにおいて、縁に触れれば迷い苦しむこともあるでしょう。しかし、その時ただ迷い苦しむのではなく、その迷い苦しみの元は自分の自我の思いにあったと、帰らせていただく世界を持つのです。そのことを通して、苦悩を超えていくことができるのです。そういう世界をいただくことを「往生浄土」といい、それが「救い」であり、「助かる」ということだと、親鸞聖人は教えてくださっているのです。

浄土へ往生するということは、浄土の徳、仏の智慧をいただくことです。それによって、この苦悩の娑婆を、そのただ中を、どのようなご縁であろうと、妙好人源三の口癖のように、「ようこそ、ようこそ」と引き受けていける人間になることでしょう。そこに「正受の人生」が開かれます。苦悩が苦悩にならない「無碍の一道」を闊歩《かつぽ》して歩むことのできる人生が開けてくるのです、浄土の徳、仏の智慧は、上から私たちを引っ張り上げるのではなく、私たちが苦悩の人生を生きる時、私たちに寄り添い、また大地となって支え、人生の難度海を渡る時、大船となって渡してくれる、大地・大船の役割を果たすものでしょう。そういう「畢竟依《ひつきようえ》」としての「いのちの大地」をいただくことが、「往生浄土」ということです。

もう一つ、浄土へ往生するということにおいて賜る大事な意味、はたらきがあります。

そのことについて、禅の大家で欧米に禅の教えを伝え弘めた鈴木大拙師が、ハワイでのあるご縁の場の座談会の席で、同席されていた僧侶・開教使の人たちに次のような問いを出されたことがあったと、名古屋大学の名誉教授で筑紫女学園大学の学長もなさった上田義文先生からお聞きしたことがあります。

「浄土へ往生するというが、浄土へ何しに往くのか。往って何をするのか?」

と。みんな黙っていると、先生は自分で、

「浄土へは仏に成りに往くんだ。仏に成ると、すぐ仏の仕事（＝仏事という）をするために、この世（娑婆）へ還ってきて、衆生済度のはたらきをするんだ。そのために浄土へ往くんだ」

と、そのような話をされたということです。

鈴木大拙師が言われる「衆生済度のはたらき」とは、「還相廻向」のことです。浅原才市の詩の、「浄土貰ろうて娑婆《しゃば》に居る」ということも、「還相廻向」のはたらきを述べたものと言えます。『歎異抄』第四章の言葉が思われます。

「浄土の慈悲といふは、念仏して、いそぎ仏に成りて、大慈大悲心をもっておもふがごとく衆生を利益するをいふべきなり。」（註釈版聖典八三四頁・真宗聖典六二八頁）

つまり、浄土へ往生するということは、利他のはたらきをする身になるということです。

浄土真宗では、それを「還相廻向」といいます。これも如来より賜る浄土の功徳です。それは肉体の死の後に、この世へ還ってご縁の人を救うというような悠長な話ではありません。信心獲得の時に賜る功徳として、現生で「衆生済度のはたらき」をさせてもらうのです。そのはたらきは、改まって私が意識してやることではありません。信心をいただいた時に賜った如来の智慧が、知らず知らずに周りの人にはたらいてくださるのです。浄土を立脚地として生きる姿が自然に周りの人に影響して、真実の世界に眼を開かせるのです。仏法に心を向ける人を、真実の浄土へ生まれたいと願う人を生みだしてくるのです。「共に浄土へ」、「共に真実に眼を開こう」と、歩む世界を開くのです。それが「還相廻向」のはたらきです。救いのヨコへの広がりの世界です。

八　「往生浄土」と「現生正定聚」――「精神上の生死」と「肉体上の生死」

先日、あるご縁の方から、「往生浄土」について先生はどのように受け取っておられますかという質問をいただきました。お電話でのお尋ねでしたので十分にお話できず、後で私の考えていることについて手紙に書いて差し上げました。その折り書いたことを、整理して述べてみたいと思います。

「往生浄土」の問題、大事な問題ですが、私個人としては、本願寺派の伝統的な未来往生（死後往生）の解釈には疑問を持っています。それでは、親鸞聖人が特に強調された「現生正定聚」のご理解に反すると思います。

親鸞聖人の教学の特徴は、信心をいただいたその時に正定聚に住するという「現生正定聚」の教えにあると思います。それが真実の救いだということでしょう。本願寺派の教学では、現当二益をいうために、また「往生即成仏」をいうために、理論的にはきれいに整合性を持たせていますが、どこか弱々しい感じがします。

本願寺派の伝統的な未来往生（死後往生）の解釈では、「現生正定聚」を、信心いただいたその時に、未来（死後）に浄土に往生することが決定することだとされます。したがってそこでは「浄土に往生した」とは言わないということです。「浄土に往生する」のは、あくまでも生命終わった時で、そこで「往生」が成り、同時に即「成仏」する、つまり「仏に成らせてもらう」ということです。これは「往生即成仏」という理解にとらわれた解釈だと言えると思います。もう一つは、人間は生きている限り、煩悩具足であり、信心いただいたからといって「仏に成った」とは言えない、という理解が背後にあるからだと思います。それで「往生」を現生では言わない、言えないんだということでしょう。言葉の整合性にとらわれた解釈だと私は考えています。大乗仏教で成立した大事な教義、「不断煩悩、得涅槃」（煩悩を断ぜずして、涅槃を得る）という世界を、もう一度反転して、部派仏教（上座部仏教）的な「断煩悩、得涅槃」（煩悩を断じて、涅槃を得る）という、肉体的死の後でしか真の涅槃の悟りはいただけないという理解を再度持ち込み、解釈していることになると思います。親鸞聖人の教えを、いわゆる小乗化することでしかないと思います。

ここには「生死」ということに対する解釈の混乱、混同があると考えられます。「生死」ということは、一般的には「肉体上の生死」と考えられますが、宗教上ではもう一つ考えられます。それは「精神上の生死」です。宗教では、こちらの方が大事なことだと私は考えています。一般に、宗教者もあまり明確には主張されませんが、「精神上の生死」こそ、宗教の生命です。一般的表現を使えば、「回心」「廻心」ということです。これはただ単に「こころが翻《ひるがえ》る」という意味ではないと思います。禅的表現で言えば、「大死一番、絶後に甦《よみがえ》る」ということです。即ち「自我の私が死んで、真実のいのちの自己に生まれ変わる」ことです。中国の善導大師のお言葉で言えば、「前念命終、後念即生」ということです。お東の碩学金子大栄師は、「念仏は、自我崩壊の響きであり、自己誕生の産声である」と言われています。

信心をいただいた時が「自我崩壊」の時であり、同時に「真実の自己」に生まれ変わる時です。それを「信心獲得」といい、それは同時に「往生浄土」であると言っていいと私は思っています。それが親鸞聖人の言われた「救い」ということだと考えます。

「往生浄土」ということを、私は「真実の立脚地を得ること」だと理解します。自我の思いで作り上げた自分の立脚地（場）が、真実の教えに出会って崩壊させられた時に、立脚地（場）を失って地獄へ落ちるしかない私に、真実の立脚地（場＝畢竟依）が与えられるのが「浄土をいただく」こと、それが「浄土に往生する」ということだと思います。それを、信心獲得と同時にいただくのを、親鸞聖人は「現生正定聚」と言われたのだと理解しています。同じお東の曽我量深師の言葉に、「往生は心にあり、成仏は身にある」というのがあります。これは「精神的生死」と「肉体的生死」とを、心と身とで分けられた言葉でしょう。曽我量深師の世界は、中心は「往生」（信心）ということです。

そういう点について私なりに理解していることを、「世界は二重構造」ということに着目して、「信心獲得」「往生浄土」について前項で述べてみました。そこで述べたように、私は、「信心獲得」「往生浄土」ということは、自分の今生きている場が、自我の、自力の世界であると信知すること（機の深信）によって、その世界（場）が転ぜられ、真実のいのちの場（浄土）を賜ることをいうのだと、了解しています。だから、その転換は、生命の終わってからではなく、廻心したその時に生ずるもの、即ち「精神上の生死」（自我の死・真実の自己の誕生）における転換です。現生の世界での「往生浄土」（証）です。

もう一つは、親鸞聖人は「信心は智慧だ」（正像末和讃・註釈版聖典六〇六頁・真宗聖典五〇三頁）と述べられています。信心獲得ということは、如来の智慧をいただくことです。如来の智慧をいただいたら、世界が変わるのです。それは「心の持ち方」を変えるいう、最近はやりの「プラス思考」だけでは生じません。自己の立っている場が転換してはじめて得られる世界です。

念仏詩を書かれている浅田正作さんの詩に、「回心」という詩があります。

回心

自分が可愛い
ただそれだけのことで
生きてきた
それが深い悲しみになったとき
ちがった世界が
開けてきた　（浅田正作『骨道を行く』法藏館刊より）

まさに、「自我の世界」から「真実世界」へ立場が転ぜられ、見えてくる世界が違ってきたことを詠《うた》われています。「如来の眼」をいただかれたということです。またそれは、妙好人、浅原才市の詩にある「浄土貰ろうて、娑婆に居る」という世界です。そういう世界を賜ることを、親鸞聖人は「信心獲得」（信）であり、即「往生浄土」（証）であると言われたのだと私は了解しています。だからそれは、現生における「精神上の生死」（信心）において賜る利益、「往生浄土」であると言っていいと思います。そういう点に特に注目して、「信心」と「往生浄土」について述べてきたつもりです。

Ⅲ　真実の自己に目覚め、愚を生きる

一　真実の自己に目覚める

「往生浄土」とは、真実の自己に目覚めることによって、真の立脚地、即ち浄土をいただくことです。自我の私が死んで、真実の自己が誕生することです。そこに念仏のはたらきがあります。立脚地の転換が生じます。中国の唐代の浄土教の大成者善導大師は、そのことを「前念命終、後念即生」と表現され、お東の碩学曽我量深師は、「信に死し、願に生きる」と表わしてくださいました。そういう世界を具体的に生活の中で生きてくださっている方を紹介してみたいと思います。

見せてもらった私

田口タズ子

「これまで（高二の息子の急死）すべてが私抜きでした。私自身を問題にしたことは、おそらくかって一度もなかった私でした。幸二（高二の息子）の死でも、まず主人を責め、若い主治医の先生を責め、誰を責め彼を責め、人ばかり裁いていました。それが当たり前でした。それはもうすごい勢いでしたね。そういう自分絶対の私を（仏法を聞くことによって）知らされました。（もっとも）そういう心は、今でもあまり変わりませんけれど。

つい先頃、主人が中国へ旅行しました。通例、他人にはお土産を買って帰っても、家内の私には何もない。これが不平不満でしたので、いい硯《すずり》をお土産に買ってきて、と頼みましたところ、買ってきてくれた硯に七十元と値札が貼ってある。日本円で二千円そこそこ。とたんにうれしかった心がけしとんで、《国内旅行だって、これっぽっちのもの話にもならないのに、何よこんな安物…》と不満がこみあげてくるんです。家宝にでも残せるようなものを買ってきてほしかったんに、と自分で勝手に思い込んでいたんです。無ければ無い、有れば有るで、お土産ひとつでも自分勝手に腹を立てる私なんです。つい私が先に立つんです。

仏法を聞いてもこの心はなくなりませんね。なくなりませんけど、見せていただけるんです。今までやと、怒りっぱなしの私でした。腹立って腹立ってのつづきですけど、その私を見せてもらえば、笑えてきます。《またこんな私やった》と見えると、自分でもおかしゅうて。これ、長くても三日ぐらい、早い時なら即の時だってありますわ。またやってた私だったと自分が見えますと、解放されて、笑っていける。これが私のたすかるということなんです。たすからんやつやと自分がわかったとき、たすかっているんですね。

世の一切のことは如来のご回向によってそうせしめられてあるのであり、私の考えや計算は何一つ入り込む余地ないのですが、すぐ入り込む。中国のお土産だって賜わりもの、ご回向なのですけれど、《こんなチャチなもの》と計らう。亡き子にああしてやりたい、こうしてやりたい、親の私の気のすむように、あの世で幸せにしてやりたいと、あくせく写経したり、霊場巡りする。皆迷いです。

幸二の死のすぐ後、《何で私ばっかりこんな目に…。悪いことしてない、人に憎まれた覚えもないのに、どうしてなの》と思いつめました。悪いことして人に憎まれたから悪い目にあうわけでないんでしょう。そうなる条件がととのえば、いい事ばかりしていくら人から喜ばれていても、悪い目にあわずにいない。いい目悪い目、幸不幸、ひっくるめて黙って受けるだけなのです。それが正しい目覚め、正覚（信心）です。帰る場所です。つい忘れてしまうけれど、いつも帰らせていただけるのがうれしい、ありがたいですね。

それも、なくなったわが子がご縁です。もしあの子がずっと元気なら、今の私は、ただ世間体と欲の満足だけの、始末の悪い母親のままだったにちがいない。今だって始末悪いのに変わりないけれど、そういう自分を見せてもろうています。《またやってた、またこんな私やった》と頭下がるのが、私のナムアミダブツです。わが子の死という天と地の引っ繰り返る出来事をお手回しいただいて、私を問題にする私にさせていただけた。

私がこの世界（浄土・念仏の世界）に目を覚まされた。そのことがあの子のいる世界と一つなのだと思います。その世界をじねん（自然浄土）というのでしょう。私とあの子と同じ世界にいる。それが、私がたすかれば、なき子もたすかるということでした。」

（亀井鑛『親鸞を生きる』大法輪閣刊より抜粋、（ ）内谷川加筆）

二　「自分絶対の世界」――無明の酒に酔うて

田口さんは、自分でも言われているように、仏法に遇《あ》う前までは「自分絶対の世界」を生きておられました。それまでの生き方は、すべて私抜きだった。私自身を問題にしたことはなかったということです。

高校生の息子さんの、おそらくは手術ミスによる急死によって、自分の立っている場が一挙に崩壊しました。それでも、自分の立っている世界を捨て去ることはできませんでした。息子の急死の責任について、自分以外の人びとを責めることで自分の立場を守ろうとしました。また、《何で私ばっかりこんな目に…。悪いことして人に憎まれた覚えもないのに、どうしてなの》と思い詰め、息子の死の事実を引き受けられずに、愚痴をこぼさずにはおれない。しかし、自分の気持ちが落ちつかない。それで、いろいろな写経や霊場めぐりしたりしました。

そういう時に、たまたま近所の人が浄土真宗のお話を聞く会に誘ってくださった。そのお話の中で、亡くなった息子さんより、まず自分が救われることが大事だと聞かされて、それがどういうことか最初わかりませんでした。それで聞き続けているうちに、だんだん自分が問われていることが聞こえてきたのです。ほんとに自分の問題だったと気づかされたのです。

仏法とは、自分の方から亡くなった人へ自己の善行を回向するのではなくて、逆に如来（亡き息子）より回向されている願いに気づくことであると知らされました。親鸞聖人の関東の同行への手紙の中に、

「もとは、無明の酒に酔ひて、食欲・瞋恚・愚痴の三毒をのみ好みめしあうて候ひ

つるに、仏のちかひをききはじめしより、無明の酔ひもやうやうすこしづつさめ、三毒をもすこしづつ好まずして、阿弥陀仏の薬をつねに好みめす身となりておはしましあうて候ぞかし。」

（『御消息』註釈版聖典七三九頁・真宗聖典五六一頁）

という言葉があります。真実を真実と知らないで自己中心の身勝手な世界を生きていることを「無明の酒に酔うて貪欲（むさぼりの心）・瞋恚《しんに》（いかりの心）・愚痴（真理に暗い心）の三毒をだけを好んで食べるような人生」と言われています。それが、真実の仏の誓願を聞く身になって、はじめて自分が無明の酒に酔っていたことに気づかされ、はじめてその酔いが少しずつ覚めてくる身になることができるのです。

田口さんも、真実の仏法を聞く身になってはじめて、自分が亡き息子のためと思ってやってきたことがすべて「雑毒《ぞうどく》の善《ぜん》」（自分の欲望を満たすための善行）でしかなかったと気づかされたのです。いかに自分が自分絶対の世界を生きていたかを知らされ、そこに自分の思いの立場が否定されて、その世界が引っ繰り返される。真実を真実と知らされる世界があった。私のためにすでに用意されてあったのです。それが「他力回向」であり、「救いの世界」です。

が私のたすかるということなんです。たすからんやつやと自分がわかったとき、たすかっているんですね。」

三　「たすからんやつや」

「《またやってた私だった》と自分が見えますと、解放されて、笑っていける。これ

この言葉の中に「南無阿弥陀仏」の救いが語られています。《またやってた私だった》と自分が見えることを「信心」といいます。そういう自分に気づかされると、頭が下がるしかないのです。それが「南無」すること、「帰命」です。そこに立脚地の転換が起こります。「真実の世界」、「浄土」を賜るのです。それが「阿弥陀仏」の世界です。真の立脚地です。そこに立たしてもらうと、自然に自分の自我の執われから解放されて、自分が今いただいているご縁の一切を引き受けていける。それが「たすかる」ということだと言われています。

「たすからんやつやと自分がわかったとき、たすかっているんですね」という言葉は、浄土真宗の信心の世界を見事に表現された言葉だと思います。「たすからんやつやと自分がわかったとき」とは、「地獄は一定住み家」の自覚です。「悪人の自覚」です。その自覚

に立つことが「不断煩悩得涅槃」の世界です。「たすからんまま」でたすかっているのです。

このような世界に目覚めることを「そのままの救い」というのです。「煩悩具足」という我が身の事実は変わらないのです。しかし、変わる世界があります。自分の立脚地です。「自我の世界」を立場とする私から、「浄土」を立脚地とする自分に変わるのです。「帰る場所」をいただくのです。それを「往生浄土」といいます。それが「救い」の成就です。それを「現生正定聚」というのです。

四　私のナムアミダブツ

田口さんをして仏法を聞かずにおれなくした言葉は、最初の聞法の時の講師の言葉です。それは「知らずに犯す罪は、知って犯す罪より重い」という言葉であったということです。私たちは無意識に、あるいは無自覚に、自分の思いの中で物事を処理します。悪いと思ってやっていることにはどこか手加減があります。しかし、無自覚にやることには手加減がありません。もっともひどいことができるのは、自分は正しいことをやっていると思っている時です。戦争は、どのような戦争でも、私たちは、間違っているのは向こうであって、自分たちは「聖戦《せいせん》」だと思っています。だから、非道なことが行なわれるのです。それが実は人間の相（すがた）だと気づくか気づかないかが、真に人間に成るかどうかの別れ目だと思います。

「《またやってた、またこんな私やった》と頭下がるのが、私のナムアミダブツです。我が子の死という天と地の引っ繰り返る出来事をお手回しいただいて、私を問題にする私にさせていただけた。」

ここに「他力回向の世界」が語られています。「ナムアミダブツ」を通して、「ただ世間体と欲の満足だけの、始末の悪い母親」の世界から、「私を問題にする私にさせていただけた」という廻心が起こっています。そこに立脚地の転換が生じるのです。それが「往生浄土」ということです。

「仏法とは、根性が直るための仏法なぞではないのだ、直らん根性に気づかされ、見させてもらうのが仏法なのだ」。ご主人の田口章さんは、聞法に足繁く通うタズ子さんをうとましく眺めて、「おれは（仏法なんか）聞かんでもわかっている。お前の根性は何ぼ聞いても直らん」の一点張りだったといいます。はじめはそう言われて腹が立ったといいます。ところが最近そういうことを章さんがまったく言わなくなった。タズ子さんの聞法が家の中まで知らず知らずに浸透していっているのだろうといいます。そういう仏法の世界の広がりを「還相廻向」というのです。「ヨコ」方向への拡がりです。自分が助かれば、ご縁の人が助かり、また亡くなったわが子も助かるということです。

五 「下座」に立つ

念仏詩人榎本栄一さんに「下座（げざ）―自分に―」という詩があります。私には「往生浄土」をいただいた世界をみごとに詠《うた》って下さっていると思え、好きな詩です。

下座―自分に―

こころはいつも下座にあれ
ここはひろびろ
ここでなら
なにが流れてきても
そっとお受けできそう （榎本栄一『念仏のうた 常照我』樹心社刊より）

「お浄土」をいただくということは「下座」に立つということです。一番下座《しもざ》に立った時、私たちは私にご縁のある一切のものを拝むことができるのです。そこに立った時、私たちは一切の縛り、執われから解放されます。あらゆるものから手を離すことができます。

一切の執われから解放された時、私たちは自分の足で立つことができます。歩むことができます。言い訳、見栄、繕い、世間体、計算、はからいの一切不要な世界です。そういう世界を生きるものになることを真の「独立者」「自由人」というのです。それが「往生浄土」ということにおいて賜る真実の功徳です。真実の「救い」の成就です。

「私の母ちゃん、バカ母ちゃん」

児童心理学者の平井信義先生の本を読んでいたら、こんな文章に出会いました。ＮＨＫの相川浩アナウンサーの書かれた文章だそうです。相川浩アナウンサーがある児童作文コンクールの審査員をされていた時に出会った作文だということです。榎本さんが詠《うた》われた「下座」の世界をみごとに生きてくださっているご家庭だなあと心打たれました。

「五年生の少女が登場しようとした瞬間、そのお嬢さんの隣に座っていたお母さんは、思い余って、「ヤダ、ヤダ、恥ずかしい」と両手で、顔を覆いながら椅子の上にうずくまったのでした。

でも、小学五年の少女は、スラリと背の高い、赤いカーディガン姿で、お下げ髪を揺らせ乍ら、ニコニコ笑みを湛えて、壇の上に立ったではありませんか。

マイクの前で、作文を両手一杯に広げるや明るい声で読み上げたのでした。

小学五年○組　何の何子

「私の母ちゃん、バカ母ちゃん」（爆笑）

私の母ちゃんはバカです。（また爆笑）

野菜の煮物をしながら、洗濯物を干しに庭に出たら、煮物が吹きこぼれ、父ちゃんから、「オイ、バカ。煮物が溢れているぞ！」と言われて、慌てて、洗濯物を竿ごと放り出して台所へ駆け込みました。洗濯物は泥だらけです。（爆笑）「バカだなあ」と言われて、「ごめんね、父ちゃん、カンベンね」とおどける母ちゃんです。

しかし、母ちゃんを叱る父ちゃんもバカ父ちゃんです。（大爆笑）

ある朝、慌てて飛び起きてきて、「ご飯はいらん」と洋服に着替え、カバンを抱えて玄関から走り去りました。すると、母ちゃんが、

「バカだね、父ちゃん。今日は日曜日なのにね。また寝呆けちゃって、まあ！」（爆笑）

そういうバカ母ちゃんとバカ父ちゃんとの間に生まれた私が、利口なはずがありません。（大爆笑）弟もバカです。（爆笑）家中みんなバカです。（爆笑）

しかし、…（場内シーン）私は大きくなったら、私のバカ母ちゃんのような女性になって、バカ父ちゃんのような人と結婚し、私と弟のようなバカ姉弟を生んで、家中み

んなで、アハハ、アハハ、と、明るく笑って暮らしたいと思います。

私の大好きなバカ母ちゃん！（一同、涙、涙）」

（平井信義『心にのこるお母さん』㈱企画室刊より）

この作文について、平井先生は、「何と明るい家庭でしょう。それはお母さんもお父さんも、この女の子も、人間のバカさを認め合っていることにあります。人間にはみな、いろいろなバカさがあります。いろいろと失敗しますし、でき上った物がへたであることもあります。物を壊したり汚したりすることもあるでしょう。それを責めない、叱らないということは、人間にあるバカを認め、それを許す心があってできることなのです。バカを認めれば、そこには「笑い」が生じます。この作文の初めの部分で、聴衆が笑ったのは、自分にもバカな部分があることに共感したからだと思います。そして、女の子が、お母さんやお父さんのバカさを全面的に受け入れて、理想的な人物としてのイメージにしたことが、聴衆の感動を呼び覚まし、涙になったのだと思います。」と評されています。

六　あるがままの自分

本当にその通りだと私も思います。その上で、蛇足ですが、仏教の立場から少し考えてみたいと思います。

私たちはどこで自分のバカさ加減を知り、受け入れることができるでしょうか。今日、世間的な生き方は、「賢善精進」の道（＝天を目指す道）を目指すことこそ人間の生きる道だと考えられています。自分のバカさを認めることは「敗北」であり、「落ちこぼれ」と非難されます。そこに今日の私たちの生き方が息苦しいものになっている一つの大きな原因があると思います。自分の弱みを見せることは相手に付け込まれることだと私たちは考えています。そこに、「見せ掛け」の世界を生きる「よい子症候群」が、子どもたちの世界だけでなく、大人の世界をも支配していると言えるのでしょう。そういう生き方に疲れた人びとが、いわゆる「癒《いや》し」（ヒーリング）を求めているのだと思います。

解決方法は、ただ一つ、「見せ掛け」の世界を生きることを止めることです。「賢善精進」の道を目指すことだけが人生ではないと見極めることです。「あるがままの自分」を受け入れ、そこに立って生きていくことです。それは、自分のバカさを認めることです。そこに新しい世界が開けてくると、浄土の教えは私たちに教えてくださっています。

七　愚者になりて

親鸞聖人の師匠である、浄土宗の開祖法然上人は、「浄土宗の人は愚者《ぐしや》になりて往生す」とおっしゃったと、親鸞聖人は晩年同行に送られたお手紙の中で語られています（『御消息』註釈版聖典七七一頁・真宗聖典六〇三頁）。それが浄土真宗の救いの道だということです。

自分がバカであるところに立つ、それを榎本栄一さんは「下座」に立つと言われています。今までの生き方が百八十度転換するのです。天を目指していた方向が一転する。それを「往生浄土」といいます。それが実現するのは、「あるがままの自分」を自覚し、受け入れることができた時です（＝真実信心）。真実の自分に目覚めた時です。その時、私たちは、自分はすでに許されて生きていることを実感できるのです。それを「摂取不捨」の救いといいます。そういう世界を生きることが「往生浄土の人生」です。

前述の作文の家庭は、それが本当に自然に恵まれているのでしょう。だから、屈託が無く、この上なく明るいのです。自分のバカさを認めることは一般には容易ではありませんが、その世界を私たちに明らかにし、教えてくれているものが「弥陀の誓願」であり、その具体的現われが「南無阿弥陀仏」という「念仏」です。お念仏申す身になることにおいて、私たちははじめて「自分の愚かさを認め、頭の下がる世界をいただく」のです。そこが救いの世界「下座」に立つということです。

八 「倚りかからず」について

倚《よ》りかからず　　　茨木のり子

もはや
できあいの思想には倚りかかりたくない
もはや
できあいの宗教には倚りかかりたくない
もはや
できあいの学問には倚りかかりたくない
もはや
できあいの権威にも倚りかかりたくない
ながく生きて
心底学んだのはそれくらい

じぶんの耳目
じぶんの二本足のみで立っていて
なに不都合のことやある
倚りかかるとすれば
それは
椅子の背もたれだけ　（茨木のり子『倚りかからず』筑摩書房刊より）

茨木のり子という詩人の書かれた詩「倚りかからず」が評判になっているといいます。いろいろの受け取り方があろうかと思いますが、ここでは、仏教、特に浄土真宗の立場から論じてみたいと思います。

私は、この詩には、浄土真宗の世界が表現されていると理解しました。あるいは、そういう理解に対して反論が出るかもしれません。その反論は、おそらく、強がりの自力的表現があるということであろうと思います。その点にも少し触れながら論じてみようと思います。

九　「できあい」の世界

この詩を理解する上で大事な点は、①「できあいの〜に倚りかからない」ということ、それと、②「自分の二本の足で立つ」ということです。

①の「できあいの」という形容表現は、私たちが真実に生きる上で大事な点であると、私は考えます。「できあいの」ものということは、人間の思いが作り出したものという意味だと考えられます。したがって、仏法の立場から言えば、それは「真実」そのものではない。「そらごと、たわごと」の世界です。人工の世界です。しかし、世間（娑婆）では、それらは価値あるものとして、求められ、頼りにされるのです。私たちは何かに頼らないと生きていけないと思っています。何かに頼れば頼ったものに縛られ、身も心も自由を奪われます。お金に頼ればお金に縛られます。権力や主義、思想に頼れば、権力や主義、思想に縛られます。できあいの宗教に頼れば、その宗教に縛られれます。そのような姿は、私たちの周りに、政治や経済界に、生活の現実の中によく見かけます。また「オウム真理教」や「法《ほう》の華三法行《はなさんぼうぎょう》」の信者の言動の中に見ることができます。教祖に頼れば教祖の奴隷になるのです。それは真の意味での救いではありません。身動きできなくなった姿です。

そのような生き方を「迷いの生き方」「苦悩の人生」だと教えるのが仏教の教えです。そういう自分の人生の相（すがた）に目覚め、何ものにも頼る必要のない真実の自己を見出すことが、「真実の救い」ということです。そういう自己に目覚めよという願いのはたらきが「南無阿弥陀仏」という名号です。親鸞聖人は、「念仏者は、無碍の一道なり」と言われています。

十　真の独立者

何ものにも頼る必要にない真実の自己を見出した時、私たちは本当に「自分の二本の足」で立つことができるのです。自分の足で立つということは、立つべき大地をいただいたということです。その大地を仏教、浄土教では「仏地」とか「浄土」といいます。「往生浄土」ということは、私たちの生きている立脚地が転換することです（場の転換）。お念仏、真実の智慧によって、私たちの生きている世界の立脚地たる自我の場が破られ、転ぜられて「真実のいのちの大地」「浄土」に樹《た》つことです。そのことを、親鸞聖人は「心を弘誓の仏地に樹てる」と言われています。そういうことが「信心」をいただくことによって私の上の成就するのです。そこに「浄土」を自己の立脚地として生きる人間が誕生します。その往生浄土の人生を生きることが、一切の「できあいのものに倚りかからない」生き方です。それが「真の独立者」になることであり、一切の障《さわ》りから無碍《むげ》である「自由人」になることです。北陸の念仏詩人、竹部勝之進さんは、そういう世界を詠《うた》ってくださいます。

無碍の一道　　竹部勝之進

わがみを知る
わがみを知って
わがみにやすんずる
わがみ　何ものにもおそれない
――無碍の一道
ありがたい
ありがたい　（竹部勝之進『はだか』法藏館刊より）

そういう世界を生きる人を「救われた人」「助かった人」というのです。本願念仏の教えに遇い、お念仏申す人生をいただいた人は、無碍の一道を、自分の分を尽くして生きていける人間になるということです。そういう世界を、私は、茨木のり子さんの「倚りかからず」という詩から教えられたのです。

十一　「浄土」ということ

「証の巻」を終わるにあたって、最後に、簡単に「浄土」ということについて触れておきたいと思います。

今日、仏教用語が俗語化して、残念ながら正しい意味では使用されないことが多いように思われます。間違った意味で理解され、それが通用しているのが現実です。そのために仏教の本当の教えがきちんと伝わらなくなり、また誤解されたまま、仏教はわかったものにされているきらいがあります。「他力」や「往生」という言葉はその典型でしょう。また「浄土」という言葉も「極楽世界」とそのまま同一視され、一般に「死後」の世界と理解されることが多いようです。「死んだら極楽」「死んだら浄土」というように使用されます。しかし、これは「浄土」の正しい理解とは言えません。

親鸞聖人は「浄土」を「無量光明土」と表現され、また「真実報土」と言われています。つまり「浄土」とは、「真実世界」です。私たちが生きている「娑婆」「この世」とは次元の違う世界です。私たちの思いを超えた世界ということです、私たちの思いで考えられた世界は、どんな表現をしようと「作り物」（人工世界）です。それは真実の浄土ではありません。

「浄土」とは、「真実そのもの」の顕現です。象徴的に象《かたど》ったものです。その動的な活動相を表現したものが「仏・如来」ということです。それに対して静的な場所的表現をしたのが「浄土」です。「真実そのもの」が、慈悲心をもって、衆生救済のために顕現した相(すがた)です。したがって「はたらき」(行)があります。「願」(ねがい)があります。

「浄土」のはたらきは、一つは、光となって真実を顕《あらわ》し、知らせるものです。親鸞聖人は「浄土」を「無量光明土」と表現されました。「浄土」は無限の光となって、衆生世界を照らしだし、その世界と、私の真実相を明らかにします。

光のはたらきは、闇を照らしだすことです。その「浄土」の光に照らしだされたところが「火宅無常の世界は、そらごと、たわごと、まことあることなき」世界です。即ち、私たちが生きている世界が「穢土」であり、また私の真実相は「罪悪深重、煩悩具足の凡夫」ということです。

「浄土」のはたらきの二つ目は「大地性」です。如来の「摂取不捨」のはたらきが実現する場です。一切の衆生を、選び無く受け入れる世界です。「老少善悪の人をえらばれず」です。ここが「お前の真の居り場所だ」と、究極の拠り所を与えるのです。「畢竟依」です。

「浄土」のはたらきの三つ目は「浄土の徳」を往生した人に与えることです。「浄土の徳」とは、如来の智慧のことです。真実の智慧を賜るのです。その智慧で自己の真実相が知られ、また私たちが生きている世界の「そらごと・たわごと」性が明らかになるのです。親鸞聖人はそれを「護持養育」のはたらきと言われています。その智慧のはたらきが「還相廻向」のはたらきとなるのです。「信心の社会性」の問題です。

次に、「浄土」はどこにあるのか、を考えておきましょう。経典には「西方十万億土の彼方」(『大無量寿経』・『阿弥陀経』)にあると述べられています。また「此処を去ること遠からず」(『観無量寿経』)とも述べられています。「西方十万億土の彼方」ということは、この世と一線を画すという意味です。この世と次元が違う世界ということです。また「此処を去ること遠からず」ということは、この世を超えてこの世を包んでいるということです。だから、真実の信心をいただけば、真実世界に目を開けば、「すでに私はお浄土の中であった」といただけるのです。妙好人浅原才市の詩のように、「浄土もろうて、娑婆に居る」のです。即ち、浄土を自分の立脚地として、この苦悩の娑婆を生きていくことが「往生浄土の人生」ということです。

終章　世界が変わる

——二重構造と立脚地の転換

「ほんまに、ひっくりかえってみたら、
そこが浄土やった。」（中田つや）

浄土真宗の教えの根本

浄土真宗の教えの根本は、私の立脚地が転換するということです。それを「往生浄土」といいます。「浄土」という真実世界を自己のいのちとする私になることです。それは、私が生きている世界が、自我の狭い意識によって「閉ざされた世界」から、自我のバリアが破られて「開かれた真実のいのちの世界」へ転ぜられるのです。「世界が変わる」のです。本書では、その点について「世界は二重構造」ということを中軸にして、浄土真宗の教えの基本とされる「他力廻向の教え」（行の巻）・「悪人正機の教え」（信の巻）・「往生浄土の教え」（証の巻）を通して考えてみました。

親鸞聖人がいただかれた教えは、「教行信証」の仏道です。「自力聖道門」といわれる、自己の仏道修行を通して「仏に近づく道」に対して、逆に「他力浄土門」の仏道は、如来の本願力によって「自己に目覚める道」です。その教えが私たちの上に開かれる道を明らかにされたのが「教・行・信・証」と展開する仏道です。その中心は「行・信」です。「行」は如来の行、念仏の大行です。「信」は如来の行が私の上にはたらいていることを自覚することです。その「信心をいただく」ことこそが「救いの成就」です。

「信心をいただく」ということは、現在の自分の存在が絶対否定（＝信に死す）されることを通して、同時にそこに絶対肯定の世界を賜る（＝願に生きる）ことです。精神世界における「生死」です。それを「世界が変わる」ことだと私は表現したいと思います。肉体上の「生死」において言われることではありません。

そのことを「他力廻向の教え」（行の巻）・「悪人正機の教え」（信の巻）・「往生浄土の教え」（証の巻）を通して明らかにしたのが浄土真宗の教えです。繰り返しになりますが、教義的な面をまとめておきたいと思います。

一　他力廻向の教え

「他力廻向」ということは、本願世界の、十七願成就の「南無阿弥陀仏」が、私まではたらきかけているということです。如来は、私たちに名号となって「自己の真実の相を知れ」と呼び掛けて、真実の光によって私たちの生きている現実の世界を照らしだされています。それが「他力廻向」のはたらきです。このはたらきによって私たちは「真実の世界」に目覚め、「真実の自己の相」（機の真実）に気づかされるのです。それが「真実の信心」だと親鸞聖人は言われます。

絶対の救いは、私を超えたはたらきによってしか成就しません。自分の力で自分を超えることは不可能です。そのことを自覚する道が「他力の教え」です。

絶対真実の救いは、私自身が「いづれの行も及びがたき身」という自力無功の信知（機の深信）のところにおいて、必然的に、一切を如来におまかせするところに開かれます。そこに「地獄一定の私」が煩悩具足のままで救われる道が、阿弥陀如来の本願力という絶対他力のはたらきの中で成就するのです。「自我の立場」から「他力の立場」への転換です。その転換は、如来のはたらきによってのみ成就することを「他力廻向」というのです。

自分の生きている人生が「真実のいのち」に背いた顚倒の人生だということに気づけない私たちに、如来は自分の立脚地である真実世界（仏土）を飛び出して（＝南無という）、真実の救いの法である「南無阿弥陀仏」という呼び声となって（＝十七願成就）、真実の救いの世界、真実の立脚地、「浄土」を建立してくださって、「ここへ生まれよ」「ここを自分の真の立脚地とせよ」と願われています（十一願）。自我の人生を捨て去って浄土に依《よ》れと、立脚地の転換を教えるのが「他力廻向」ということです。

二　悪人正機の教え

「悪人正機の教え」というのは、「他力廻向」の真実のはたらきによって照らしだされて、私の真実相が明らかになること、自覚されるということです。そこに立脚地の転換が起こらざるをえないというのが、「悪人正機の教え」です。それは、私たちの常識の立場、世間道徳の立場（分子の世界・人間の思いの世界）の転換を迫るものです。

今日一般的に、私たちの心を支配している「賢・善・精進の道」は、人間の理性（分別心）が生みだした世界です。その世界を本当の世界だと考え、その世界を自分はチャント生きていける。「賢・善・精進の道」は実現可能だと、私たちは考えています。それに精進努力する人が立派な人だと、一般に考えています。そういう生き方を、仏法では、特に浄土真宗では、「自力作善」の人生だといいます。それが『歎異抄』第三章のいう「善人」の生き方です。その生きている「いのち」の全体が、自我の思いの世界でしかなかったと、「我が身の事実」に目覚めた人、気づいた人を「悪人」というのです。

私たちはどのような生き方をしようと、根本的に他の生きものの「生命」を奪わなければ生きられません。それが私の「いのちの事実」です。しかし、それは誰からも「許されていること」ではありません。それを人間の（自分の）思いでもって勝手に「当たり前」にしていることを、仏教では「罪」であり、「悪」であるといいます。つまり「いのちの事実」に対して「無自覚」であることが「罪悪」なのです。その「いのちの事実」に目覚め、驚き、頭を下げざるをえない世界に気づくことを「悪人の自覚」（機の深信）といいます。それが十八願の「唯除の文」が教える信心の世界です。そのことが自覚され、頭が下がった時に、いま自分の立っている自我の立脚地が崩壊して、足下が崩れ、真逆さまに暗黒の世界（地獄）へ落ちるしかないのです。その落ちる私をそのまま抱き取ってくださるはたらきが、「摂取不捨」という阿弥陀如来のお救いです。

悪人正機の救いとは、自分が「罪悪深重・煩悩具足の凡夫」であった、「悪人」であった、と気づき、頭が下がることです。そこに自分の自我世界（分子の世界）の底が破れて、地獄落ちの自分を自覚する（機の深信）。同時にそういう私をそのまま抱き取っている「いのちの大地」（如来の本願海）に気づかされる。それは、実は自己の真実相に気づかせてくれた真実のはたらき（＝阿弥陀の本願・分母の世界）に出遇ったこと（法の深信）です。そこに立脚地の転換を通して真実の救いが与えられるのです。それが「悪人正機の教え」です。

三　往生浄土の教え

「往生浄土」ということが、浄土真宗の救いです。如来廻向の他力真実のはたらきによって、自分が「悪人」であった、「愚か者」であったと頭が下がった時、自我世界（分子の世界）の底が破れて、真実のいのちの大地（＝浄土・畢竟依）に立つことを「往生浄土」

というのです。そのことを、『大無量寿経』では「即得往生、住不退転」と説かれています。善導大師は「前念命終、後念即生」と言われ、親鸞聖人は「心を弘誓の仏地に樹て、思いを難思の法海に流す」述べられました。お東の碩学曽我量深師は「信に死し、願に生きる」といいただかれ、同じ碩学金子大栄師は「念仏は、自我崩壊の響きであり、自己誕生の産声である」と教えてくださいます。

真実の浄土を自己の立脚地として、この苦悩の娑婆を生きていくことを「往生浄土の人生」というのです。それは、私が今まで立っていた自我の狭い立脚地が転ぜられて、真実のいのちの大地（＝浄土）という、いのちの無限に開かれた広い世界を立脚地として生きるものになるということです。

真実のいのちの大地（＝浄土）を生きるものになるということは、「真の独立者・自由人」になるということです。何ものにもとらわれず、頼らずに、自分の足で立って歩むということです。それが「念仏者は無碍の一道なり」といわれる世界です。

真実のいのちの大地（＝浄土）を、念仏詩人榎本栄一さんは「下座」といただかれました。もう一度、「下座」の詩をいただきます。

下座—自分に—

こころはいつも下座にあれ

ここはひろびろ
ここでなら
何が流れてきても
そっとお受けできそう

下座に立って、独り立ちできて、人ははじめて他の人と、他のいのちと、真の意味での繋がりが持てるのです、心が通じ合うことができるのです。それは、真実のいのちの大地（＝浄土）こそが、まったく平等に差別のないいのちの広がりをもった世界だからです。下座こそが、一切のいのちを心から拝み、いただくことのできる世界だからです。そこに「いのちの共なる世界」が開かれ、苦悩の人びとと共に「真実の浄土」へ生まれようと願い、生きるものとなるのです。そういう世界を、親鸞聖人は「御同朋・御同行」の世界、「われら」の世界と頂戴されました。本当の意味での「サンガ（僧伽）」の成立です。

そういう世界を明らかにされているのが、親鸞聖人の浄土真宗の教えです。

四　世界が変わる

「世界が変わる」というのは、自我の「閉じた世界」から、無限の「開かれた世界」へ、私の生きる場が、煩悩具足のこの身のままで転ぜしめられるということです。

①変わらせるはたらき、それは「他力廻向の行」です。名号・念仏といわれる「如来の大行」です。

②どこで、どうして変わるのか、それは「自力無功の信知」、「悪人」の自覚においてです。

③変わったらどうなるか、それは真の立脚地、「浄土をいただく」のです。即ち「往生浄土」ということです。いままでの言い方で言えば「浄土に生まれさせていただくこと」です。真実の浄土をいただいて、この世を生きる新たな人生を「願生浄土の人生」といいます。

我が身の事実に遇い、ありのままの私を自覚して、真実のいのちを生きる「私になる」こと、それが浄土真宗の救いです。それが「南無阿弥陀仏」の救いです。そこにこそ真の「人間成就」があり、「本願成就」の世界があると、私はいただいています。

あとがき

あるご縁の方から、「わかりやすい、やさしい浄土真宗の本」を書いてくださいとご依頼をいただいておりましたが、その任ではないと、固辞していました。ちょうど一年ほど前に再度お手紙をいただき、ふと、もう私も還暦に近いなあと感じ、この世のいのちもいつ終わるかわからない。それなら折角だから、自分がこれまで考え、また教えられてきた仏法の世界を何かまとめて書き残しておこうという気持ちになり、書かせていただきます、と返事をして、大分、時が経ってしまいました。

書き始めたのは、一九九九年頃から。ワープロに向かい、少しずつ書き込みをはじめ、途中、父が亡くなったりして、中断を余儀なくされましたが、一応完成をしたのは、二〇〇〇年の末頃でした。その後、出版に至るまで数年かかりましたので、少し手を入れたりしましたが、基本的には、最初の原稿のままです。途中中断したりしたので、前後が重複したり、繋がりが悪かったり、また表現が冗長であったりで、内容にはまだまだ不満もありますが、今の時点での一つのまとめだと考えています。

私の話をよく聞いてくださる方に、「先生のような話をしてくださる方はなかなかおいでにならないから、ぜひ本にして書き残しておいてください。先生が居なくなられたら、私は誰の話を聞いたらいいかわからないから」と言われ、その言葉に励まされ、やっとここまでやってこられたと思っています。

内容の点で、理論的になりすぎたり、現代の世相と人間を語りすぎたりして、少々難しくなったりで、最初の意図とは大分ずれてしまいました。しかし、自分なりに工夫して、できるかぎり、身体的な事例や、念仏の詩というようなものを取り上げて、それらを手がかりにして、浄土真宗の教えを考察してみました。参考にしていただければ幸いです。

現今の世の中は、まさにいろんな意味で大きな「転換の時代」と言ってもいいような状況です。人びとが自分の生きる意味を見失って、明確な人生の方向を見つけることができない状況にあると言っていいようです。そういう中で、仏教が、浄土真宗の教えが人びとのいのちの拠り所として、もっと広く人びとにご縁があればと考えています。この本がその役割をほんの少しでも果たすことができたら、この上ない喜びです。

なお、本書が成るにあたっては、数え切れないほどの先生方や無数の書物の教えのご縁をいただきました。一々お名前や書名を挙げることはできませんが、心よりお礼を申し上げます。

昨今の出版不況の中、一応の原稿完成後、本にしてくれるところがあるだろうか、出版するのは難しいのではないかと、心配したりもしました。しかし、幸いに、このような原稿を本にしてくださった、法藏館の西村七兵衛社長と、当時同編集部勤務で現在本の企画編集の仕事をされている池田顕雄さん、それに、そのご縁を開いてくださった龍谷大学大学院時代の友人、結城亮子さんと、特に法藏館の編集部へご紹介くださった、ご主人の結城思聞（元フジテレビアナウンサー松倉悦郎）さんに、心より感謝いたします。

最後に、仏教の勉強を気ままにさせてくれた、今は亡き父と母に、そして周りのみんなに、感謝の思いを込めてこの書をささげたいと思います。

二〇〇四年七月

谷川理宣記す

谷川理宣（たにがわ　りせん）
1941年佐賀県武雄市に生まれる。佐賀大学文理学部（経済学専修）卒業。龍谷大学大学院博士課程修了（仏教学）。京都大学人文科学研究所中国中世思想史研究班で福永光司教授に漢文仏典の読み方について教えを受ける。1977年帰郷、九州龍谷短期大学で教職に就く。1996年同大学仏教科教授を最後に退職。現在、浄土真宗本願寺派圓照寺住職（佐賀教区武雄組）。九州龍谷短期大学非常勤講師・同仏教文化研究所研究員。
著書・論文に『歎異抄事典』（共著、柏書房）、「原文対照教行信証引用文類研究」（1～8）、「僧肇における涅槃の理解」、「大無量寿経と中国思想」、「親鸞の著述に見える中国思想」、「親鸞教学と蓮如教学」、「親鸞聖人における真・真実とその系譜」、「蓮如上人と現代」、「仏教思想における人為と自然」、「信心と社会性―その教学的基盤―」などがある。

いのちの大地に樹つ
――現代真宗入門講座――

二〇〇四年一〇月一〇日　初版第一刷発行

著　者　谷川理宣
発行者　西村七兵衛
発行所　株式会社　法藏館
京都市下京区正面通烏丸東入
郵便番号　六〇〇-八一五三
電話　〇七五-三四三-〇〇三〇（編集）
〇七五-三四三-五六五六（営業）

印刷　リコーアート・製本　新日本製本

ISBN4-8318-8698-X C0015